哲学書概説シリーズ XI

ハイデガー『存在と時間』

後藤嘉也 著

晃洋書房

シリーズ刊行にあたり

このたび「哲学書概説シリーズ」を刊行することになりました。

先の見えない複雑な時代になればなるほど、ひとは考える営為を要し、判断力を養わなければなりません。今こそ哲学の名著を繙き、基礎的思考モデルを東西の叡智に学ぶときではありませんか。

この度の企画は、こうした時代的状況下にあって、改めて見通しの立て難い世界の下での人間の生きざまを顧慮しつつ、特に人生の岐路に立ち竦む若者たちのためになされました。

それぞれの哲学者たちの代表的名著について、これまでおのれの生涯をかけて研鑽してこられた諸先生方に、そうした若者たちに呼び掛ける力強い言葉をお願いしました。紡ぎ出された言葉は、やがて練り上げられあなた方の思惟を形作ることになるでしょう。

困難なこの時代を把握するための思惟の力が、ここに目覚めるに違いありません。

編集委員　木田　元
池田善昭
三島憲一

目次

凡例

(1)『存在と時間』（*Sein und Zeit*, Max Niemeyer Verlag, 19. Aufl., 2006）からの引用は SZ のあとに巻数とページ数を記しておこなう。たとえば SZ, 25 は、『存在と時間』原書単行本の二五ページであることを示す。訳文は引用者による。同書の各種の邦訳の欄外には、原書単行本のおおよそのページ数が付されている。

(2) ハイデガー全集（*Martin Heidegger Gesamtausgabe*, Vittorio Klostermann, 1975-）からの引用は GA のあとに巻数とページ数を記しておこなう。たとえば GA3, 25 は、ハイデガー全集原書第三巻の二五ページであることを示す。訳文は引用者による。邦訳『ハイデッガー全集』（創文社、一九八五年―）の欄外には、原書のおおよそのページ数が付されている。

(3) 引用文中の〔 〕は引用者による補足であることを、…は中略していることを示す。……は原文による。

(4) 引用文中の強調は原則的に原著者による。引用者による場合はその旨を記した。

時間の脱自的性格が、現存在に特有な踏み越えの性格を、つまり〔自己に向かって、他者たちと共に、道具存在者のもとに存在するという〕超越を、したがってまた世界をも可能にしている。

（GA24, 428）

はじめに

世界にはさまざまなものがある。硬い言葉を使えば存在している。夜空では流れ星が現れたかと思うと消え去り、部屋ではストーブが炎を燃やし、その前で一匹の白黒猫が寝そべっている。窓の外から、雪道を踏みしめて歩くひとたちの話し声がかすかに聞こえる。流星やストーブや猫や見知らぬひとたちはこの世に存在する。私たちは、それらのものといろんな仕方でかかわりながら地上にいる。私は流れ星に気づかず、ストーブの炎を眺め、猫の頭をなで、人々の交わす声を聞くともなく聞いて、ここに存在し、生きている。それでは、ある、いる、存在するとはどういうことだろうか。

百年前ぼくはここにいなかった
百年後ぼくはここにいないだろう
あたり前なところのようでいて
地上はきっと思いがけない場所なんだ（谷川俊太郎「朝」）

ひとはある時この世に生を享け、いつかこの世を去る。誕生と死のあいだを生きる自分が、そしてその自分をとりまく他者や生きものや物が、ひいてはこの地上ないし世界がある、存在するということの不可思議さ。時間という視点からこの謎に挑んだのがドイツの哲学者ハイデガーの著作『存在と時間』（一九二七年）である。出版されると電光のような衝撃をもたらし、その後も注目を浴びつづけ、二〇世紀を代表する哲学書の一冊となった。

この書物は、存在するということについて問うにさいして、人間だけがもつ存在理解——漠然としたものではあるが——を手がかりにした。永遠性から存在を理解する西洋哲学の伝統を解体しつつ、人間が存在するとは有限な時間性であるという答えを出したが、ありとあらゆるものが存在するとはどういうことかという問いに時間から答えようとして果たせず、未完に終った。これからそのあらましをじっくり考えよう。この書物の途絶や、ハイデガーの国家社会主義《ナチズム》への関与、後年の著者自身による解釈にもふれる。哲学書の例にもれず、ものものしい専門用語や言い回しも出てくるが、それらにはそのつど説明を加えて、できるだけ平易に記すようつとめたい。

第一章　『存在と時間』まで

『存在と時間』は大車輪で、しかし長年の研究の結実として執筆された。この書物を解剖するに先立って、ハイデガーの生涯を振り返り（一）、この著作の発表にいたるまでの歩みを跡づけたい（二、三）。

一　ハイデガーの生涯

マルティン・ハイデガーは、一八八九年九月二六日、南西ドイツの小さい町メスキルヒに生まれた。父は、カトリックの聖マルティン教会の堂守で桶職人の親方であった。マルティンは、夏は水泳、冬はスキーに熱中するスポーツ少年に育った。飛びぬけて優秀だが家庭が豊かではなかったため、カトリックの聖職者になることが前提の奨学金に頼ってギムナジウム（大学進学者のための中等教育機関）に進み、一九〇九年の冬学期にフライブルク大学神学部に入学する。ところが、喘息発作を伴う神経性心臓障害を病んで神父の職を断念し、一一／一二年冬学期に神学部から自然科学・数学部に転じ、まもなく哲学部に移った。奨学金を得られなくなったことで苦しい生活に追い込まれた。

その後、一九一六年にフライブルク大学教授に就任したフッサールのもとで研鑽を積む。フッサールは「現象学的に見ること」を、つまり、過去の哲学者の権威をもち出さずに、また思弁によって体系を構築するという誘惑に引きずられずに事象そのものを見ることを、ハイデガーに教えた。ハイデガーは、ドイツが第一次世界大戦に敗れた次の年の一九年に、フッサールの推挙によりその助手となった。

一九二三年秋にマールブルク大学助教授となり、二七年に『存在と時間』を出版して同大の教授に昇任した。二八年、またしてもフッサールの推挽により、定年を迎えた彼の後任としてフライブルク大学教授に転じた。一九三三年、ヒトラーの率いる国家（国民）社会主義労働者党（ナチ党）が政権を握ったあとで、フライブルク大学学長となり、ナチ党に入党したが、翌年には学長を辞任し、政治の舞台から降りた。三九年に第二次世界大戦が勃発し、四五年にドイツは連合国に降伏する。フライブルクを占領したフランス軍政当局は、ハイデガーのナチ党参加をとがめて、教育など大学におけるすべての職務を禁じた。五一年、ようやく教職禁止が解除され、名誉教授としての活動を許される。七六年五月二六日に八六歳で死去した。

ところで、七三歳の老ハイデガーの回想によれば、ギムナジウムの生徒だった一九〇七年に哲学者ブレンターノの『アリストテレスによる存在者〔存在するもの〕の多様な意義について』（一八六二年）を読んで以来、ハイデガーは、漠然とではあるが、「存在者が多様な意義で語られるとすれば、主導的な根本意義はどれなのか。存在とは何を意味するのか」という問いに突き動かされてきた。また、ギムナジウムの最終学年だった一九〇九年に神学者カール・ブライクの『存在について――存在論概説』（一八九六年）に出会い、この年の冬学期にフライブルク大学に入学してからは、現象学の創始者フッサールの『論理学研究』（一九〇〇／〇一年）を二年間繰り返し読んだという。

『存在と時間』では、「哲学とは普遍的な現象学的存在論である」（SZ, 38）と宣言される。普遍的とは「あらゆるものについて」というほどの意味だから、普遍的存在論とはまさしく「存在が多様な意義で語られるとすれば、存在とは何を意味するのか」を論じることである。『存在と時間』刊行直後の二七年夏学期講義では、「存在様式のありとあらゆる多様性に関する概念の統一性をどう把握すればよいのか」（GA24, 250）と自問している。そうしてみると、ハイデガーは一七、八歳の頃から晩年にいたるまで、存在するということの意味を追求しつづけ、その一筋の道の記念碑的作品が三七歳で刊行した『存在と時間』だった、ということになろう。そう考える論者は少なくない。

だが、初期フライブルク時代（一九一九―二三年夏学期）の主題は必ずしも存在ではなく、この見方は早計に失する。『存在と時間』の普遍的な現象学的存在論については次の章から詳しく考えることとして、本章では同書刊行以前のハイデガーのすがたをスケッチする。

二　本物の現象学者

　神学から哲学に転じた若きハイデガーは、新カント派の巨匠リッカートの指導下で、一九一三年には博士論文「心理学主義における判断理論」を、一五年には教授資格論文「ドゥンス・スコトゥスのカテゴリー論と意義論」を書いた。スコトゥスは中世の哲学者である。教授資格論文申請に当たって提出した履歴書には、こうしるされている。もしも学問の研究・教育の仕事に就くことが許されるなら、「現代の現象学に照らして、また同時に個々の中世思想家の歴史的位置をも顧慮しながら、中世の論理学と心理学を包括的に叙述するという計画」の実現を生涯の仕事としたい、と。この履歴書にも、博士論文や教授資格論文にも、存在論という言葉は一度も登場しない。教授資格を取得した彼は、私講師（正規のポストをもたない教員）として一五／一六年冬学期からフライブルク大学で講義を始めた。

　教授資格取得のために一五年に行った試験講義「精神科学における時間概念」を翌年に論文として出してから、ハイデガーはその後一一年にわたり、『存在と時間』の出版まで論文や著書を発表しなかった。この沈黙の一二年間はしかし、無為の歳月ではなかった。一九年以降の初期フライブルク講義、一九／二一年の「ヤスパース『世界観の心理学』書評」、二二年の「ナートルプ報告」、二三年冬学期以降のマールブルク講義、二四年の論文「時間の概念」、講演「時間の概念」、二五年の「カッセル講演」などから、それは見てとることができる。これらのほとんどは死後に公刊された。

　論文を公表しないにもかかわらず、フライブルク大学やマールブルク大学の講義を筆記した学生のノートはドイツ中の学生から学生へと手渡され、「思考の王国の隠れた王の噂」（アーレント）、「若き革命的哲学者の噂」（ガーダマー）が広まり、この風聞に引き寄せられるように俊英たちが彼のもとに集まった。ガーダマーやアーレント、レーヴィト、ヨーナス、マルクーゼなど二〇世紀哲学史を彩るビッグ・ネームが代表格で、日本人の田辺元や三木清、九鬼周造などもそうである。

ハイデガーは、一九二四年一一月、求めに応じて、ドイツ文学者クルックホーンと哲学者ロートハッカーの編集する雑誌『文学研究と精神史のためのドイツ季刊誌』（以後『ドイツ季刊誌』）のために、論文「時間の概念」の原稿を送った。長大でごつごつした文章の掲載を渋るクルックホーンに対して、ロートハッカーは手紙のなかで次のように述べている。

> ハイデガーを待ちわびていないひとはだれもいません。教授資格論文以来まったく何ひとつ公表しておらず、教師として預言者のように成功し、昇進し、フッサールが唯一の後継ぎ候補と呼んだハイデガーをだれもが待ちわびているのですから、この号がニーマイアーにかなりの売れ行きをもたらすのは間違いありません。(1)

ニーマイアーとは『ドイツ季刊誌』の発行元の社主マックス・ニーマイアーである。『存在と時間』は単行本としても刊行され、フッサール編集の雑誌『現象学と現象学的研究のための年報』（以後『現象学年報』）第八巻にも掲載されたが、どちらもマックス・ニーマイアー出版から出された。ちなみに、ハイデガーの論考の長さと難解さについて、ロートハッカーは九日後のクルックホーン宛書簡のなかで、こう解説している。

> ハイデガーには、もう少し短くできないか手紙を書くつもりですが、彼がそうするかどうか私はひどく疑っています。あらゆる現象学者は、つまりあらゆる本物の現象学者（シェーラーはけっしてそうではありません）は、一文字ずつゆっくり綴るのです。つまり、アダムとイヴから始めるというわけです。それが、彼らの受けついたデカルトの遺産です(2)。

デカルトがそうであったように、現象学者フッサールは、すべての先入見をしりぞけ、旧来の哲学も自分自身のこれまでの考え方も捨てて、現象ないし事象そのものを見るために、一から、アダムとイヴから始める。教科書やガイドブックやナヴィゲーションなしに一歩ずつ進む。フッサールをして「現象学、それは私とハイデガーだ」と言わせたハイデガーも同じである。これに比べると、フッサール門下の先達でハイデガーに深い影響を及ぼしたシェーラーは、変幻自在の才子で、事象そのものに即するというよりは自分の鋭敏な着想に動かされて疾走するタイプであって、真の現象学者とは言いがたい。ハイデガーの原稿は、出来合いの言葉遣いや理論にもたれかかって冗長に走り書きされてはいないから、いわば略語で表すようにつづめることは難しい。実際、ハイデガーは生涯、一文字一文字綴る哲学者であった。『存在と時間』のような自著を引き合いに出すときにさえ、証明ずみの考え方としてそれによりかかることはなく、新しい目で読み直す。その意味で、フッサールのいう純粋な記述（先入見を捨てて事象そのものを記述すること）を行う本物の現象学者だった。

三 『存在と時間』の刊行

本章の最後に、『存在と時間』出版にいたるいきさつにふれる。ハイデガーは、一九二一年にフッサールが「教会のねずみと同じくらい貧しい」と形容したほど経済的に恵まれなかった。彼は、そうした境遇から必死で成り上がった野心的な人物だと見られることも多く、のちの国家社会主義《ナチズム》参与に彼の「権力への意志」を読み取る向きさえある。ところが、大学にポストを得るうえで必須の論文公表にきわめて慎重で、私講師の身分にとどまっていた。ちなみに、時代は下るが、『存在と時間』によって世界的名声を得たにもかかわらず、全集の出版を始めたのは死の一年前である。全集は百巻を越えるが、そのうち生前に出された著書等を収めた第一部は計一六巻だけであり、しかもその多くは講義や講演、論文をまとめたものである。ひそかに書き綴られ死後全集に収録されることになった著作や覚え書は膨大なもので、都合四〇巻近くに達する。

初期フライブルク時代（二三年夏学期まで）の彼は、アリストテレス研究書を出せなくて苦しんでいた。二二年の秋に、マールブルク大学のナートルプとゲッティンゲン大学のミッシュから、助教授候補者として論文の不足を補う原稿の提出を求められ、大急ぎで「アリストテレスの現象学的解釈」を執筆した。これがいわゆる「ナートルプ報告」で、アリストテレス研究書の序論の一つである。これによってハイデガーは、二三年秋にマールブルク大学助教授に就任した。当時ナートルプのもとで学んでいたガーダマーは、「ナートルプ報告」を読んで衝撃を受けて二三年夏学期にフライブルク大学に転学し、ハイデガーの赴任に合わせて翌学期にマールブルク大学に戻った。マールブルク大学もゲッティンゲン大学もプロテスタントの大学であり、これは彼の信仰の変化もあずかっている。その出自にもかかわらず、ハイデガーのなかではカトリックに対する疑念が深まっていた。彼の信仰は、一七年三月にプロテスタントの妻とカトリック教会で結婚したときには、既に懐疑によって土台を崩され、夫婦は、「教義に固く縛られずに人格神を信じ、キリストの精神において神に祈る」ようになっていた。一九年一月には、カトリックのシステム（教会組織と教義体系）との絶縁を明言している。これは、昔ながらの素朴な信仰に生きる両親には打撃となったが、その両親を三〇歳のハイデガーは「生が不具になるように育てられ、だれにも治せない」と評している。子どもにはプロテスタントの洗礼を受けさせた。いわば先祖代々の信仰であり内面の奥深くに入り込んだカトリックとの断絶は、深い傷跡を残した。

さて、ハイデガーはアリストテレス論を『現象学年報』に掲載しようと力を傾注していた。フッサールは、一九二二年一二月のインガルデン宛て書簡で、「第七巻には、ハイデガーの根本的で壮大なアリストテレス研究が載ります」と記している。二四年三月には、ハイデガーは、教え子のレーヴィトに宛てて、そのために夏学期講義のテーマをアウグスティヌスからアリストテレスに変更した旨をしたためている。けれども、二四年末にはアリストテレス書の計画を断念し、二五年発行の『現象学年報』第七巻には掲載されなかった。

そうこうするうちにハイデガーは舵を切り、時間論に集中するようになった。二四年七月にマールブルク神学者協会で「時間の概念」を講演し、一一月には長大な論考「時間の概念」を『ドイツ季刊誌』に送った。どちらも現行の『存在と時間』を先取りしている。とくに後者の第二章「現存在の根源的諸性格」と第三章「現存在と時間性」は、それぞれ『存在と時間』第一部の第一篇と第二篇の原型をなすもので、アメリカ人研究者キシールは同書の「初稿」と名づけている。二五年四月の連続講演「カッセル講演」（「ディルタイの研究活動と歴史学的世界観をもとめる現代の争い」）は、簡約版の『存在と時間』（既刊部分）とも言うべきものである。二五年夏学期講義「時間概念史序説」はキシールによって『存在と時間』——とくに第一篇——の第二稿と呼ばれる。これらの助走はすべて第一部第二篇までに相当し、第三篇以降に対応するものはないことに注目したい。

二四年一一月　論文「時間の概念」（第一部第一篇、第二篇の初稿）
二五年四月　連続講演「カッセル講演」（第一部第一篇、第二篇の簡約版）
二五年夏学期　講義「時間概念史序説」（第一部第一篇の第二稿）
二七年四月　著書『存在と時間』（序論、第一部第一篇、第二篇）

二七年夏学期　講義「現象学の根本諸問題」（第一部第三篇の新たな仕上げ）

ところで一九二五年八月に、マールブルク大学哲学部はベルリンの文部科学省に、哲学の正教授の第一候補としてハイデガーを提案し、彼が「時間と存在」についての体系的著作を印刷中だと書き送った。同じ月に、ハイデガーはレーヴィトに宛てて、「時間」のなかの死に関する章を書き終えたことに言及している。この年の冬学期講義「論理学」のなかで、当初はアリストテレスの論理学（真理論）に準拠すると予告していたのに、一二月に、一転してカントの図式機能論、時間論を論じることを告げた。存在を時間から理解するという底知れないほど深い問題系をギリシャ人はまったく予感せず、ただ一人カントだけが何かを予感した、というのがその理由である。この頃から二九年の『カントと形而上学の問題』にかけて、ハイデガーにとってカントはアリストテレスに劣らない重要な意味をもつようになる。

一九二六年一月に、文部科学大臣は、ハイデガーの教授活動の成功は認めるものの正教授にするためには大きい文献を出す必要があると回答した。二月に入って、学部長が、何かを公表しなくてはならないが、ふさわしい原稿はあるかと尋ねた。ハイデガーが「大丈夫です」と答えると、「しかし急いで印刷しなければなりませんよ」と念押しした。のちにハイデガーは、「いまや、長いあいだ温めてきた研究を公表すべきであった」と回顧している。四月一日に最初の原稿を印刷所に回した。フッサールの誕生日に当たる同月八日には、ほぼ出来上がった原稿を見せた。『存在と時間』の扉に「エトムント・フッサールに　尊敬と友情をこめてささげる」という献辞が記されたのはこのときである。明くる二七年の四月にようやく発行された。

ハイデガーは、『存在と時間』を大慌てで執筆して印刷に回し校正した。フッサールも校正を手伝ったほどである。教授昇任という外的事情がなければ、『存在と時間』は永遠に日の目を見ないままだったかもしれない(3)。そうだとしても、この著作は、プラトン、アリストテレス、原始キリスト教、中世哲学、初期ルター、デカルト、カント、新カント派、キルケゴール、ニーチェ、ディルタイ、現象学等々に関する長年にわたる徹底的な研究が〈存在と時間〉という問題設定へと合流した結果である。

『存在と時間』は二七年四月に刊行され、翌月発行の『現象学年報』第八巻にも掲載された。第一部第二篇までしかなかったため、書名ないし論文名の下に「前半部」と記された。しかし結局、第三篇以降は発表されず本書は未完のままに終わった。待ち望まれたこの論文は、世に出るとただちに爆発的な反響を呼び起こした。ディルタイの高弟ミッシュは、二年後に「この書物は雷のように落ちてきた」とそれを形容した。しかもその影響は長きにわたり、二〇世紀哲学を変えたといってよい。

第二章　〈存在と時間〉という問題設定

哲学の書物にとって表題は大きい意味がある。『存在と時間』に近づくためには、この本が提起した〈存在と時間〉という問題設定を理解する必要がある。ハイデガーは存在者から区別された存在することという事象を発見する（一）。生、「私が存在する」ということについての問いは、人間の現存在に特有の存在構造の考察（生の存在論）に、ひいては存在すること一般の考察（普遍的存在論）に導く（二）。これらの考察は、哲学の伝統から〈存在する＝ずっと現前しつづける〉という〈存在と時間〉の図式を読みとらせて解体させる（三）。

一　〈存在者〉と〈存在すること〉を区別する

ストーブの前で白黒猫が寝そべっている。硬く言えば猫が存在する。この猫は存在するもの、硬く言えば存在者[4]である。星と星が流れることが異なっているように、猫という存在者と、それが寝そべっていることとは違う。流れ寝そべることは、存在することの一つの様態（ありさま）である。猫や星という存在者と、その猫や星がいる、ある、存在することとはまったく別の事柄である。存在することはいわば出来事であり、動的に生じている事象である。人間の場合、存在することは生きることにかぎりなく近い。〈存在者〉とそれが〈存在すること〉との区別を、ハイデガーは二七年夏学期講義で存在論上の差異（存在論的差異）と名づけた。

　シェイクスピアの『ハムレット』に、「To be, or not to be: that is the question（「生きるべきか、死ぬべきか、それが問題だ」）という有名な独白がある。この問いは、自己、人間という存在者がまさしく存在すること、生きることに向けられている。シェイクスピアが存在論上の差異にはっきりと気づいていたわけではないが、私たちはこのせりふを、自己という存在者が存在することについての問いとして理解できるだろう。

　存在者と存在することとの区別はハイデガーの独創である。哲学者レヴィナスは、リトアニア出身のユダヤ人で、ドイツに渡ってフライブルク大学でフッサールやハイデガーに学ぶなどしたのち、第二次世界大戦前にフランスに移住した。数百万のユダヤ民族がナチス・ドイツに殺されたこともあって、ハイデガー哲学に対する苛烈な批判者となった。そのレヴィナスはしかし、ハイデガーが存在論上の差異を見出し存在するという動態に着眼したことを偉大な発見として称賛した。『存在と時間』の難解さは、一つには、存在者から区別された存在することを問うという前代未聞の試みだったという点にある。

これはハイデガーの発見ではあるが、彼は哲学の歴史を無視してアダムとイヴからはじめたわけではなかった。『存在と時間』は、存在する（seiendギリシャ語ではon）という語をどのように理解すべきか困惑しているという、プラトン『ソピステス』篇の引用から始まっている。ギリシャ語のonやドイツ語のseiendは、〈存在者〉をも〈存在する（ということ）〉をも指しうる両義的な言葉である。『存在と時間』第一節でも、『ソピステス』篇からそれと名指しせずに自由に引用して、「存在《ウーシア》をめぐる神々と巨人族との戦いを新たに燃え上がらせる」（SZ, 2）努力を命じている。また、アリストテレスは『形而上学』で、存在（するもの）としての存在（するもの）（on hē on）を主題としていた。

ところが、ハイデガーの所見によれば、哲学の歴史を振り返ると、存在することについての問いは、プラトンとアリストテレスに息つくいとまを与えなかったのに、それ以後「現実の研究の主題的な問い」としては鳴りをひそめてしまった。存在するということは忘れ去られてきたし、現に忘れられている。これが存在忘却である。

そこでハイデガーは、存在することについての問いをふたたび呼び覚まそうとする。しかしこれには奇妙な点がある。(1)初期フライブルク時代には、存在よりむしろ生（人間が生きるということ）を問うていた。生についての問いは、存在すること一般の問い、つまりは普遍的存在論とどう関係するのか。(2)このことは、〈存在と時間〉という問題設定にどのように結びついているのか。次節で(1)の疑問について考えよう。

二　生の存在論へ、そして普遍的存在論へ

初期フライブルク時代（二三年夏学期まで）において、ハイデガーは哲学に事実性の解釈学などの名を与えた。ハイデガー全集に収録された最初の講義は、ドイツが一九年に第一次世界大戦に敗れ戦勝国が講和会議を開催している最中に復員学生を対象に行った戦後臨時学期講義である。そこでは現象学は、理論的学問であるフッサール現象学とは対照的に、理論的学問の営みの根底を探究するがゆえに理論以前の学問である。ハイデガーは理論化される以前の体験が「極度に個人的な」、「私がもっている、また私がもった、私の体験」（GA56/57, 72, 70）であることを強調した。①やがて哲学は事実性の存在論、ないし生の存在論に移行し、②さらに『存在と時間』の時期においては普遍的存在論に変容する。

①戦後臨時学期講義で私の体験と呼ばれたものは、一九／二一年に執筆されたが当時公表されなかった「ヤスパース『世界観の心理学』書評」のなかでは、実存（Existenz）ないし「私は存在する（ある、いる）」ということとして語られる。

実存は、存在すること（Sein）の特定の仕方として、つまり、本質的に（私は）「存在する」（bin）という意味で「存在する」ような、特定の「存在する」ことの意味として、把握することができる。

この意味での「存在する」ことは、理論的な思念において純粋にもたれるのではなく、「私は存在する」を遂行するなかでもたれる。（GA9, 29）

生、私の体験は、ヤスパース、あるいは彼が依拠しているキルケゴールの用語では、実存である。実存、つまり私の生は、存在すること（Sein 英語では being ないし to be）の仕方の一つであり、あれこれの物やひとが存在する仕方の一つであるが、そのなかでも特別である。ドイツ語では bin（英語の am）という特定の語形変化で表されるほど独自である。「私は存在する」は「私は生きる」と言い換えてよい。私の生、存在は、私が生きる生、私が遂行する存在としてのみとらえられる。

ところが、「私は存在する」は、理論的に認識されれば、純粋に認識する主観・主体にとっての客観・対象である客体存在、つまり「それはある」（ist 英語の is）に変えられる。このように「私が自己としての私自身に出会うという根本経験」が得られないのが現状である。したがって、私が私自身に出会うためには、「ヤスパース書評」ではまだ踏み込んでいなかったが、生ないし実存に特有のこの独自の存在の仕方を究明することが必要である。つまり、「それは存在する」との混同をしりぞけて、「私は存在する」を明瞭にしなくてはならない。これが事実性の存在論の仕事である。事実性の存在論は「事実的生という存在」にかかわり、「事実的生のそのつど具体的な解釈」を行う。生の存在論や現存在の存在論ということもある。（事実的）生ないし事実性は次第に、実存ないし現存在にとって代わられるようになる。

ある、存在する（Sein）＜ 私はいる、存在する（bin）＝生、実存、事実の真理
　　　　　　　　　　　　それはある、存在する（ist）＝客体存在、理性の真理（永遠の真理）

「私は存在する」という私のあり方が、物を理解するときの「それは存在する」というあり方からとらえられると、生にふさわしくない理論的認識によって隠されてしまう。そうだとすれば、物のあり方と生のあり方の、存在の仕方の相違を明確にしなくてはならない。科学も含む理論的認識がとらえる存在とは異なる、人間が存在し生きる特有の存在をあらわにするのが、生の存在論である。こうして、生についての問いは、存在することについての問いに結びつく。

②「私は存在する」と「それは存在する」との区別にもとづく生の存在論は、次に普遍的存在論に向かう。

「それは存在する」と「私は存在する」との相違は、理性の真理と事実の真理というライプニッツの区別に関連している。ライプニッツによれば、理性の真理は必然的で永遠に真であり、その反対が矛盾を含む。「七引く二は五である」という文（命題）の反対である「七引く二は五ではない」は、矛盾を含むから不可能である。必然的な真理は、永遠な、超時間的ないし無時間的真理である。ニュートンの眼前でりんごが木から落ちるという一回かぎりの自然現象も、それが万有引力の法則という必然的な物理法則に従って生起している以上、必然的な真理の枠内に収まる。

ところが、事実の真理は偶然的で結果として真であるにすぎず、その反対が矛盾を含まない。人間の行動がそうである。「明智光秀は本能寺を襲った」のは事実としてそうであったにすぎず、光秀は本能寺を襲わないことも可能であった。「小学一年生の太郎が算数の時間に「七引く二は五である」という判断を下した」ことも、事実の真理である。太郎がそう判断したということは、それを計算し発話する太郎の脳あるいは心の働きの結果であり、あくまで経験的な事実であって、脳科学や心理学という経験科学の研究対象になりうる。これは、「七引く二は五である」という文の理念的内容が必然的で永遠な真理であるのとは対照的である。人間には自由があり、その行動は必然的ではない。

しかし、ライプニッツにとって、偶然的な真理の源は必然的な真理に求められた。これは古代ギリシャ以来の、非理性に対する理性の優位という伝統にのっとっている。この伝統は、「私は存在する」に対する「それは存在する」の優位と言い換えられる。哲学のこの本流に抗して、理性の真理の領域から独立した領域として人間の歴史や精神を確保する動向もある。ディルタイやリッカートもそうであった。しかし、二つの領域をたんに両立させるだけでよいのだろうか。

こうして、「私はある」と「それはある」という二つの存在領域の区別は、そもそも存在するとはどういうことか、いろんなものが存在し、しかもそれぞれ別種のあり方をしているなかで、ありとあらゆる存在者が存在するとはどういうことなのか、という問いを引き出す。これが『存在と時間』の普遍的存在論である。「普遍的」とはあらゆるもの、いろんな種類の存在者すべてにかかわる、というほどの意味である。人間、猫、星、靴、細胞、分子、論理法則、物理法則等々、属性を異にするさまざまの存在者が存在する。私はそれらの存在者と何らかの仕方でかかわっている。さまざまなありようをしているそれらのものがまさしく存在するとは一般にどういうことか。存在するということの多様性と単一性（統一性）を考究するのが普遍的存在論である。

多種多様な存在、あり方の単一性を求めて、ハイデガーは、次のように、(2)〈存在と時間〉という問題設定に導かれる。

三　伝統的な〈存在と時間〉――〈存在する＝ずっと現前しつづける〉

多様な存在は時間という単一の場面（地平・視界）で解釈される。『存在と時間』では現存在の存在の意味が時間性（根源的時間）にもとめられ、時間性にもとづいて存在することと一般を解釈することが目指される。つまり、〈私は存在する〉にもとづいて〈それは存在する〉を思考するといってよい。しかしそれを論じる前に、古代哲学以来の伝統は存在するという事象を暗黙のうちに今の連続という通俗的時間の視点から理解してきた、というハイデガーの説明に耳を傾けることにしよう。

ヨーロッパの伝統を支配する存在把握は、ハイデガーによって〈ずっと現前しつづけること〉（beständige Anwesenheit 恒常的現前性）という用語で表現される。現前することと訳した単語 Anwesenheit は、英語の presence（プレゼンス）または present とほぼ同じで、今、目の前にいる、出席している、現在していることを指す。Anwesenheit のもとになった Anwesen（現前）という語には、ほかに家屋敷、地所という意味もある。自分の目の前に、すぐ手の届くところにあるもののことである。アリストテレス哲学の基本概念であるウーシア（ousia 実体、存在）も、元来、目の前にあって思いどおりにできるもののことであり、自分のもの、家屋敷、財産というのがギリシャ語の原義である。ギリシャ語でもドイツ語でも、存在する、あるという事象は、目の前に現在するという時間の視点から理解されていた。

西洋哲学史から、ハイデガーの挙げていない、〈ずっと現前・現在しつづけること〉という存在理解の例を二、三探そう。

①古代ギリシャのパルメニデスによれば、存在者は存在し、存在しないものは存在しない。したがって、存在者は生成消滅することがない。生成とは存在しないものが存在者になること、消滅とは存在者が存在しないものになることだからである。パルメニデスの「ある（もの）」（to eon）は、「あったことがなく、あろうこともなく、今ある」。すべての「あらぬ」（存在しない）を抹消するパルメニデスは、「ある（もの）」が今ありつづけるというとらえ方をすることで、暗黙のうちに〈存在する＝ずっと現前・現在しつづける〉という〈存在と時間〉を語っていた。

②一世紀のプラトン主義者プルタルコスにとって、真に存在するものは、「永続するもの、生成も消滅もしないものであり、時間が変化をもたらすことのないもの」である。③存在と生成、永遠と時間とのこの対立は、キリスト教が支配した中世を経て、神の退場する近代、現代に及ぶ。モンテーニュ

は、存在する唯一のものは神であり、「神は存在した」とか「神は存在するであろう」とか語るのは罪悪だと述べていた。時間を超えた永遠な神に時間の尺度を適用することだからである。

〈ずっと現前しつづけること〉という存在把握は、理性の真理（永遠の真理）を事実の真理に優越させる伝統と一体であり、しかも、今の連続――ある今が現れては去り、これと交替して次の今が現れては去るという等質の不可逆的な流れ――という時間概念を前提している。私たちの日常の感覚もこれにかなり近いであろう。次々に浮かんでは消える今という瞬間の連続のなかで、宇宙も、地球も、人類も、私も誕生し、存在し、滅びる、という感じ方である。タイムトラベルは、この線的な時間の流れを前提としたうえで、これを飛び越える旅である。この時間観念はサルトルの小説『嘔吐』では次のように表現されている（鈴木道彦訳）。

時が流れており、一つひとつの瞬間は別の瞬間へと導き、別な瞬間はさらに違う瞬間へと導き、こんなふうにどこまでも続いていく…

これに対して、ハイデガーが考える時間は、こういう今の連続という通俗的時間（一般に理解されている時間）ではない。現存在の存在の意味としての〈将来から時間化する脱自的時間性〉が時間であり、これは通俗的時間の根源をなす時間である。〈ずっと現前しつづけること〉という存在理解を解体し、存在するという多様な現象をこの根源的時間にもとづいて解釈することがもくろまれていた。

第三章　現存在について問い、存在すること一般について問う

「私は存在する」（bin）ということについての思考は〈存在と時間〉という問題に導いた。それでは、どういう方法、どういう構成でこの問題に近づくのか。『存在と時間』の序論を中心にそれを考える。この書物の第一部第一篇と第二篇は、生の存在論の変形である基礎的存在論ないし現存在の解釈学であり、公表されなかった第三篇が課題とする普遍的存在論を基礎づける（一、二、四）。存在論の方法としては、フッサール現象学とディルタイ解釈学を結合しており、前提なき理論的認識ではなく、存在についての先行理解をたずさえて解釈学的循環に跳び込む（三）。

一　普遍的存在論と基礎的存在論

存在することについての問いはプラトンやアリストテレスを突き動かしたが、その後今日まで忘れ去られている。この問いを漠然とではなくあからさまに問うべき存在者を、つまり人間を、ハイデガー

は「現存在」（Dasein）と呼ぶ。ハイフンをはさんで現-存在（Da-sein）と表記する場合もある。『存在と時間』における規定はこうである。

> 私たち自身がいつもそれを存在しており、またとりわけて問うという存在可能性をもっているこの存在者を、私たちは現存在という用語で表す。（SZ, 7）

私は、つねに私という存在者である。「である」というこの sein 動詞（英語の be 動詞）はいわば他動詞として使われているから、くどく訳せば、私は、つねに私というこの存在者を存在する。「生きる」と読み替えてよい。存在するという単語の他動詞性について、レヴィナスは「ハイデガーの最も偉大な発見[5]」と讃えた。存在するということの他動詞性があるのは人間だけである。猫は存在しているが自分を存在することはない。これに応じて、人間だけが存在することについて問うという存在可能性をもっている。

ここで疑問が浮かぶかもしれない。存在者と存在することとの区別を哲学の根底においたハイデガーが、なぜ、存在者である人間に、「現に存在するもの」（現存在者）という用語を与えなかったのだろうか（実際、初期フライブルク時代には、「現に存在するもの」という言い方をしているケースもある（GA62, 144））。この存在者は、さまざまな存在者の一種であるだけでなく、まさしく現にそこに、存在を理解するものとして存在するからである。「現存在という性格をもつ存在者」（SZ, 8）という言い回しからも分かるように、現に存在する、現（明るむ場）を存在するということを本質的特徴とする存在者であるがゆえに、現存在と呼んでいるのである。
現存在という用語に加えて、人間特有の存在を表すために、キルケゴールに由来する実存という概念が導入される。

現存在が何らかの仕方でかかわることができ、つねに何らかのかたちでかかわっている存在することそのことを、私たちは実存と名づける。…現存在は自己自身をつねに自分の実存から、つまり自己自身を存在するか、自己自身を存在しないかという可能性から理解している。（SZ, 12）

現存在にとってはみずからの存在、自分のありようが問題であり、現存在は自分が存在するということにつねに何らかのかたちで関心を寄せ、かかわっている。自分が知り合いにどう思われているかを気にしたり、自分が明日何を食べようかと悩んだり、だれかを、またはだれでもよいから殺すことを決心したり、「放蕩に身を任せながらも、そこに満足を見出せずにいた」（ドストエフスキー『悪霊』）り。自分が気にかけ、あるいは目をそむけている自己自身の存在が、実存と名づけられている。存在することが忘れ去られている（存在忘却）とは、まず自分が存在することの忘却である。自己自身を存在する、自己自身であるという実存の様態（本来的実存）と、自己自身を存在していない、自己自身であらぬという実存の様態（非本来的実存）の相違については第四章と第五章で立ち入って考える。自己自身を存在せず、自己の存在を忘れている場合にも、現存在はそういう非本来的な仕方でみずからの存在にかかわり、実存している。

種々の存在者がそもそも存在するとはどういうことか、存在するとは一般にどういうことかを問う普遍的存在論と、現存在という特定の存在者にとって自分の存在、実存が関心事であらざるをえないということとは、どうかかわるのであろうか。公表された第一部第一篇、第二篇は、生の存在論を引き継ぐ現存在の解釈である。『存在と時間』が実存哲学ないし実存主義の、あるいは人間学の著作として迎えられたのはそのためであった。しかし、それは人間とは何かを論じる人間学ではない。実存論的分析論や現存在の存在論とも呼ばれる現存在の分析論は、当時の大方の読者は見逃したが、普遍的存在論の基礎を究明する基礎的存在論として位置づけられている。第一部第一篇、第二篇は基礎的存在論であり、第三篇は普遍的存在論である。

基礎的存在論＝現存在の解釈学＝実存論的分析論（第一篇、第二篇）
普遍的存在論（第三篇）

先にみたように、初期フライブルク時代に「私は存在する」と「それは存在する」の相違が強調された。『存在と時間』ではこれに配慮して、アリストテレス以来のカテゴリーが〈ずっと現前しつづけること〉を暗黙の前提とした客体存在について使われるのに対抗して、現存在に特有のあり方、つまり可能性（自己を存在できること）を強調するために、実存カテゴリーという用語が用いられている。これも初期フライブルク時代にさかのぼる。事実の真理に対する理性の真理の優位という伝統とは対照的に、実存論的分析論（生の存在論）と客体存在の分析がたんに並列するどころか、前者が、後者を含む普遍的存在論の基礎となる。「私は存在する」から出発して「それは存在する」をも思考するのである。

二　存在することについて、とりわけ現存在について問うことの優位

そうすると、存在することそのことを一般的に問う普遍的存在論が、まず基礎的存在論という形態をとって現存在の存在（現存在が存在するということの構造）について問う理由もみえてくる。哲学は、「存在者を存在者として、すなわち存在者が存在するということに関して考察する学問」であるのに、なぜ人間という特定の存在者をその存在に関して考察するのか。人間の生をことさら優先すべきいわれがあるのだろうか。ハイデガーは、①「存在することの問いの存在論上の優位」、②「存在することの問いの存在者の水準での《オンティシュな》優位[6]」という理由づけを与えている。

①現存在だけが、自分や自分以外の存在者が存在することを漠然と理解しながら、それらとかかわって存在している。したがって、現存在の存在論的分析を手がかりにして現存在以外の存在者に関

する存在論、ひいては普遍的存在論に向かうことができる。古代のアリストテレスは、存在（するもの）を存在（するもの）として考察する第一哲学（形而上学）について、次のように語っていた。

存在を存在として研究し、またこれに自体的に属するものどもを研究する一つの学問がある。この学は、いわゆる部分的諸学のうちのいずれの一つとも同じものではない。というのは、他の諸学のいずれの一つも、存在を存在として一般的に考察しはしないで、ただそれのある部分を抽出し、これについてこれに付帯する属性を研究しているだけだからである[7]。

普遍的存在論はこの第一哲学の二〇世紀版である。ハイデガーは、存在者の各領域についての存在論と普遍的存在論を次のように説明している。存在者は事象領域によって、歴史、自然、空間、生命、現存在、言語等々に分かれる。諸科学・学問は持分である存在領域に関する基礎概念を有する。生物学は生命についての、物理学は物質についての、神学は信仰（神に向かう人間の存在）についての。基礎概念を明確にするためには、それぞれの存在領域に関する存在論、つまり領域的存在論が先立たなくてはならない。そのうえ、各領域の存在構造を浮き彫りにするには、あらかじめ存在すること一般を解明する普遍的存在論が必要である。しかも、普遍的存在論には基礎的存在論が先行する。

基礎的存在論は現存在の実存論的分析論のなかに求められなくてはならない。他のすべての存在

論は基礎的存在論からはじめて発する。（SZ, 13）

存在することを問うには、存在理解をそなえた現存在の分析から出発するほかはない。したがって、

現存在が存在するかぎりでのみ、すなわち存在理解のまだ存在論の水準に達していない《オンティシュな》可能性が存在するかぎりでのみ、存在することは〈ある〉。（SZ, 212）

これは、『存在と時間』の根本姿勢を表した文であり、少なくとも当時のハイデガーにとっては、「すべての存在者の悪しき主観化とはまったく無縁」（SZ, 14）のものであった。

②存在の問いには現存在が実存するうえでの（実存的な）優位がある。自分の存在にかかわり実存する現存在にとって、自分の存在構造を明らかにすることは、自分の存在にかかわる仕方、実存のありように疑問符を突きつけることにもなるであろう。存在すること一般を問い、存在論を展開することによって、自分の実存そのものが、端的にいえば自己自身を存在しているか、本来的に実存しているかどうかが、問われることになる。

そうだとすると、存在することの問いのこの二重の優位は、存在することの問いにおける現存在の二重の優位でもある。それにしても中心はあくまで存在の問いである。『存在と時間』は、公表部分の最後から二つ目の章でも、誤解しないよう注意している。

実存論的分析論のすべての努力は、存在すること一般の意味についての問いに答える可能性を見出すという唯一の目標に向けられている。（SZ, 372）

言い換えればこうである。普遍的存在論――やがて始まる第一部第三篇――が目標であり、現存在の解釈学ないし実存論的分析論――まもなく終わる第一篇、第二篇――は、基礎的存在論としてそこに到達する道筋である。

三　現象学と解釈学的循環の結合

こうして、『存在と時間』が探求する主題は、存在者が存在すること、存在すること一般の意味である。この主題に近づくための方法が現象学と解釈学である。

ハイデガーは一九一九／二〇年冬学期に既に、現象学の最も緊急の根本問題は現象学そのものにとっての現象学そのものだと宣言していた。この書物においても現象学は師フッサールから与えられた疑えない現実として前提されておらず、あくまでも可能性としてとらえられている。「現象学の理解は、現象学を可能性として把握することのなかにのみある」（SZ, 38）。ハイデガーにおいて、可能性は現実性より優越する。

しかも、数学専攻出身のフッサールには思いも寄らない芸当だが、現象学の概念はギリシャ語にさかのぼって考えられる。つまり、現象学（Phänomenologie）の現象はギリシャ語のphainomenon（みずからを示すもの）として、学はギリシャ語のlogos（学問、言葉）ないしlegein（語ること、見えるようにすること）として解釈される。ハイデガーによれば、アリストテレスは、真理の根源的現象（合致としての真理の根底をなす真理）を、隠されていないさま（状態）（alētheia）として、logosを、隠されたさまから取り出して隠されていないさまにもたらすこと（alētheuein）として理解していた。そこで、現象学の予備概念は「みずからを示すものを、それがそれ自身のほうから示すとおりに、それ自身から見えるようにする」（SZ, 34）ことと規定される。では、みずからを示すもの、さしあたりたいてい隠されているがゆえに、隠されないさまにもたらされるべき事象、つまりきわだった意味での現象とは何か。存在するものが存在するということ、存在者の存在にほかならない。

次にハイデガーは、現存在の分析論の方法を現象学と呼ぶだけでは満足せずに、この現象学の学（logos）は解釈、ギリシャ語のhermēneuein（告げ知らせる、解釈する）であり、したがって現存在の現象学は告知するという根源的意味での解釈学（Hermeneutik）だと言う。現象学は解釈学だというこの大胆な言明は、フッサールにいたる西洋哲学の本流が前提なき理論的認識こそ哲学であり、存在は理論的に認識される〈ずっと現前しつづけること〉だ、ということを自明の前提にしていることに付した疑問符である。

なぜなら、先入見なしに理解はなく、解釈には解釈学的循環がさけられないからである。ある事象を、したがってまた存在するということ、現存在が存在するということを解釈するためには、その事象を何らかの仕方で既にもっていること（予持）、加えてその事象をつかまえるための視点を事前にある程度定めていること（予視）、さらにその事象を把握するための概念めいたものを準備していること（予握）を必要としている。近代以降の自然科学者にとって、自然現象に数学が適用できることは研究上の自明の前提である。日本語の知識の乏しいひとには樋口一葉の小説が読めない。

まず先行理解ないし先入見をたずさえて事象に接近し、次に事象からその先入見の不十分さを指摘されて修正するというプロセスを経てようやく、解釈が、事象の告知が成り立つ。自然科学ならば、仮説・実験・検証という過程をたどる。解釈の結果には先入見が戻ってこざるをえない。これが解釈学的循環である。あいまいな存在理解を前提にするのでなければ、存在することそのことを究明することはできない。解釈されるものは解釈する者から独立してそれ自体として存在しているわけではない。存在するという事象もそれを理解し解釈する者から独立しては与えられない。「現存在が存在するかぎりでのみ、すなわち存在理解の可能性が存在するかぎりでのみ、存在することは〈ある〉」という『存在と時間』の根本姿勢を表す文は、解釈学という方法の選択を背景にしている。

このように、存在論というアリストテレスの主題をめぐって、フッサール現象学とディルタイ解釈学という方法が連結されている。これらは当時の通念からすると異質な三者である。哲学は次のように定義される。

> 哲学とは普遍的な現象学的存在論であって、現存在の解釈学から出発する。現存在の解釈学は、実存の分析論として、哲学のあらゆる問いかけの導きの糸の端を、この問いかけがそこから発しそこへと打ち返していくところ〔実存〕に固定している。（SZ, 38）

説明を加える必要はほとんどないだろう。一つだけ補足すれば、哲学の問いが実存という源泉に打ち返すとは、先に述べた、問う者自身がそのつど自己自身を存在しているかどうか、本来的に実存しているか否かが問われるということである。実存することは可能性であり、どのように実存するかが問われる。認識者のあり方とは無関係に理論的に認識される永遠不動の存在、〈ずっと現前しつづけること〉ではない。

四　『存在と時間』の構成——三つの課題

哲学は、現存在の解釈学という基礎的存在論から出発する普遍的な現象学的存在論である。ハイデガーは序論の終わりで全巻の構成を次のように予告している。（SZ, 39f.）

> 序　論　存在することの意味についての問いを提示する
> 第一部　現存在を時間性の方へと解釈し、時間が存在することについての問いの超越論的地

平であることを解明する
第一篇　現存在の準備的な基礎分析
第二篇　現存在と時間性
第三篇　時間と存在
第二部　テンポラリテートの問題系を手がかりに存在論の歴史を現象学的に解体する
　　――その概要
第一篇　カントの図式機能論と時間論はテンポラリテートの問題系の前段階である
第二篇　デカルトの「私は思考する、私は存在する」の存在論的基礎、および、「思考するもの」の問題系のうちへの中世存在論の継承
第三篇　アリストテレスの時間論は古代存在論の現象的基盤と限界を判定する基準である

この書物には、二部構成であることからいえば大別して二つの課題があるが、第一部はさらに二分できるからむしろ三つの課題がある。

Ⅰ第一部はいわば体系的部門である。⑴第一篇、第二篇は基礎的存在論で、現存在が存在することの意味を時間性として解釈する。⑵第三篇は普遍的存在論で、存在一般を時間性（テンポラリテート）

から解明する。

Ⅱ 第二部はいわば歴史的部門で、(3)テンポラリテートを手がかりにして、〈ずっと現前しつづけること〉という存在論の歴史を解体する。

見通しをよくするために、骨格をもう少していねいに先取りしよう。「脱自的時間性」だの「超越論的地平」だのという言葉遣いは、あとで説明するのでいまは気にしなくてよい。

Ⅰ 第一部は、(1)基礎的存在論（第一篇、第二篇）と、(2)普遍的存在論（第三篇）からなる。

(1) 現存在を時間性の方へと解釈する。

第一篇　現存在の準備的な基礎分析（本書第四章）

・現存在の根本構造が世界内存在であることをあらわにし、その構造を分析する。

・現存在の存在（現存在の実存論的構造）を「気遣い」、すなわち「（世界の内部で出会う存在者）のもとに存在することとして、自分に先立って既に（世界）の内に存在すること」に見出す。

第二篇　現存在の根源的な実存論的解釈（本書第五章、第六章）

・現存在の存在である本来的な気遣いを「（自分の死へと）先駆する決意性」として根源的に解釈する。

・現存在の存在の意味（気遣いを可能にしている根拠）を時間性、つまり〈将来から時間化する脱自的時間性〉として解釈する。

(2) 時間が存在についての問いの超越論的地平であることを解明する（本書第七章）
・現存在が存在することを可能にしている時間性が、存在すること一般を理解する地平として機能するテンポラリテート[8]である次第を究明する。

II 第二部

(3) テンポラリテートをもとにして、カント、デカルト、アリストテレスという重要な哲学者に焦点を当て、気づかないまま存在を〈ずっと現前しつづけること〉として時間から理解してきた存在論の伝統を解体する。

解体というのは、文字どおりには構造物・建築物をばらばらにすることだが、そうするなかで自分をも制約している存在論の歴史から可能性を掘り出す作業である。自分を正当化するために過去の哲学を誤ったものとして攻撃し破砕するということではない。二七年夏学期講義では次のように規定されている。

哲学の構築は必然的に解体、すなわち伝統へと歴史学的に立ち返るなかで遂行される伝承されたものの取り壊しである。これが意味するのは、伝統を取るに足らないものとして否定し断罪することではなく、逆に積極的に自分のものとすることにほかならない。(GA24, 31)

第四章　現存在の実存論的構造

この章では、基礎的存在論（I—(1)）の二つの課題のうちの一つ目を論究する第一部第一篇「現存在の準備的な基礎分析」を中心に考える。現存在の根本構造は世界内存在である（一）。日常性における現存在は〈みんな〉という自己を存在しており（二）、現ないし開示性には三つの契機がある（三）。理論的認識においては物も人間も客体存在として対象化されるが、しかし、世界内存在としての現存在が出会う物の存在は道具存在であり、現存在自身は実存し、その存在（存在論的・実存論的構造）は気遣いである（四）。

一　世界内存在

フランスの哲学者で数学者のデカルトは、真理を探究する道を歩むにあたって、少しでも疑う余地のある事柄はすべて受け入れないことから始めた。感覚にもとづく知識や常識、宗教的信念はもちろん、理性的・数学的知識をさえ、誤りの可能性のある先入見として排除した。そのあげくに彼がたどり着いたのは、「私は考える、それゆえ私は存在する」という第一原理であった。私が七引く二は五だと考えるときですら、何か悪い霊が私をだまして計算違いをさせているかもしれないと疑うことができるが、しかし、もしも考える私が存在しなければ、私が間違いをおかすこともありえない。たとえ世界や私のこの身体が存在しないとしても、私の思い込みがすべて誤っているとしても、間違ったことを考えている私が、つまりは私の精神ないし理性が存在するということだけは疑う余地がない。

そのあとでデカルトは、理性によって神の存在を証明し、神の誠実さを身体・物体が存在することの保証とする。彼にとって、人間の精神と身体はまったく別の実体（存在するのに神以外のものを必要としないもの）であり、精神は思考を、物体である身体は広がりを属性とする。世界や身体から独立して存在するのが理性（精神・自我）である。こうしてデカルトは近代理性主義（合理主義）哲学を基礎づけた。

だが、私は、もっぱら理論的に考察する純粋な理性ではなく、世界のただなかにあって精神と身体を生きる存在者である。精神と身体とに抽象され二分される以前に、世界のなかで実存し、自分に与えられた場、諸々の存在者の存在が開示されるこの場（現）を存在している。私は、理論的科学的認識に先立って、周囲の物や、共にいる他者たち、自己自身を気遣い、これらが関連しあっている世界の内で生きている。そこでハイデガーは、現存在の根本構造を「世界内存在」（In-der-Welt-sein）に見出し、ハイフンで結ばれたこの統一現象を、次の三つの視点から分析する。

①「世界の内」に注目して、世界の構造、つまり世界性を、
②世界内存在という仕方で存在する存在者に着眼して、現存在はだれなのか、それも平均的日常性（ごくふつうのありさま）においてだれなのかを（本章二）、
③「内に存在すること」そのこと、具体的には現ないし開示性を解明する（三）。
そして、これらを一くくりにして現存在の存在を気遣いに見出す（四）。

世界の構造である世界性を浮き彫りにするにあたって、ハイデガーは環境世界（Umwelt 周囲の世界、環境）の分析から出発する。日常的な現存在にとって身近な世界、私たちがそのなかで生きている身の回りの世界が環境世界である。理論的認識にとっては、物も他者も自己も認識される対象として存在し、この対象の存在（存在論的規定）のことをハイデガーは客体存在と呼ぶ。ところが、世界内存在である現存在にとって、環境世界で出会う存在者、物は、認識される対象である以前に、現存在によって製作され使用され、つまりは配慮的に気遣われる「道具」ないし「道具存在者」である。日常的な現存在は、物に対する配慮的気遣い[9]によって存在している。配慮的気遣いという実存カテゴリー（現存在の存在性格）は、製作、使用、非使用といった、物とのかかわりを導く現存在のあり方を指す。

私は食卓で朝食をとり、靴を履いて玄関を出る。現存在にとって、食卓や靴のような存在者は「～のための或るもの」という性格をもった道具である。ハンマーは釘を打って食卓などを作るためのも

の、食卓は飲食し会話するためのものである。ハンマーは釘を、釘は食卓を、食卓は皿を指示し、これらの指示関連は究極的には飲食する現存在に、現存在の存在可能性に帰着する。現存在以外の存在者、物は道具存在者であり、(10) 現存在にとって、その存在論的規定は道具存在（手許にありいつでも手で使えるというあり方）である。この規定は、道具存在者（たとえばハンマーや釘）を使用して別の道具存在者（たとえば食卓）を製作するという場面設定のなかで浮き彫りにされた。つまるところ、世界の世界性は「～のための或るもの」という道具存在者の織りなす指示関連の全体、すなわち有意義性である。諸関連の究極の「～のため」である現存在が、それぞれの存在者（たとえばハンマー）に「～のための或るもの」（釘を打つためのハンマー）という意義を与えている。現存在は、究極的には自分のために、自分の存在可能性のために、指示関連を指示関連たらしめている。

二　日常的な現存在はだれか――〈みんな〉という自己

世界内存在としての現存在は、道具存在者と配慮的に交渉しているだけでなく、他者(11) に対する顧慮的気遣いをおこない、自己自身に何らかの仕方でかかわっている。現存在は共存在（他者と共に存在すること）であり、自己存在（自己を存在すること、自己であること）である。世界は共世界であり、世界には他者が、自分以外の現存在がいる。他者のこの開示性（明らかになっていること）も、有意義性という世界の構造契機（構成要素）である。この開示性は理論的認識に先立つ。

デカルトは窓越しに見える街路を歩く人が自動機械かもしれないと疑った。後期フッサールは、現象学が独我論ではないかという疑念を払拭する作業に苦闘しなければならなかった。独我論とは、自我とその表象（観念）だけが存在し、世界や他我（他者の自我）はそれ自身としては存在せず、自我のもつ表象でしかない、という立場である。だが、ハイデガーにとっては、他の現存在は存在者としてつねに既に与えられており、私は、「私自身と同じ存在性格をそなえながら現実には異なったものたち（他者）が共に現存在していることによって規定されている」[12]。道行く人をロボットかと疑い、他者を私とは違う別の自我として認識する可能性を基礎づける認識論の研究にとりかかる以前に、そしてまたそのさなかにも、私は他者と共に現に存在している。一人で部屋にいるときも、たとえ無人島に漂着したとしても、私は目の前には現前・現在していない他者と共にいる。

それでは現存在とはだれであるか。さしあたりたいてい現存在はどのようなあり方をしているか。どのような自己を存在し生きているか。

私たちはたいてい、他者を気にかけ、他者との隔たりを気遣って生きている。あるときは〈みんな〉ないし〈ひと〉（das Man）[13]と同じになろうとし、あるときは〈みんな〉より劣っているので追いつこうとし、あるときは〈みんな〉よりも勝《まさ》ろうとする。この態度のなかには、他の人々への隷従がひそんでいる。自分がどう振舞うかを決めるときに、他の人々の言動を基準にしているからである。私たちはどれほど、ふつうであること、〈みんな〉、〈ひと〉と同じであることを欲していることだろう。仲間から浮いて孤立するのを避けるために目立ちすぎないよう気配りに励むのも、逆に、よい成績をとろう、流行の最先端を行こう、アイドルになろうとして懸命に努力するのも、他の人々、〈みんな〉に隷属するあり方である。

そういうありさまを、ハイデガーは、「現存在自身が存在しているのではなく、他の人々が現存在から存在することを奪っている」（SZ, 126）と記述している。存在することを奪うとは、もちろん生命を取り去ることではなく、自己を存在させないこと、自分が自分であらぬようにすることである。私は私として生きているのではなく、〈みんな〉に支配されている。他者たちもありのままの他者自身を生きていない。こうして、日常的な現存在はだれかという問いは、次のように答えられる。

> だれかは、あのひとでもなく、このひとでもなく、自己自身でもなく、幾人かのひとでもなく、全部のひとの総計でもない。「だれか」は中性的なもの、〈みんな〉である。（SZ, 126）

私たちは、〈みんな〉が楽しむものを楽しみ、〈みんな〉が行くから大学に進学し、〈みんな〉が閲覧しているウェブサイトにアクセスする。〈みんな〉は特定のだれかではなく、だれでもない。全員でもない。〈みんな〉は、現存在が平均的であるように取り計らい、みずから存在するという負担を現存在から免除する。「赤信号、みんなで渡れば恐くない」といわれるほどである。これに応じて、日常的な現存在は自己を〈みんな〉に引き渡してしまっており、自己を喪失している。私が赤信号の歩道を一人で渡るときでさえ、それは〈みんな〉が赤信号を渡っているからであり、どこでもだれも渡らなければ渡ることはない。私は私を生きておらず、自分の自己を存在していない。「僕が僕であるために勝ち続けなきゃならない」（尾崎豊「僕が僕であるために」より）という苦しい詞は、自分が〈みんな〉に隷属しているという現存在のこうした状況に由来する。今日の日本では、〈みんな〉の枠内で「個性を発揮せよ」「自分らしくあれ」という有言無言の圧力も強い。

日常的な現存在の自己は「〈みんな〉という自己」であり、非本来的自己である。本来性（Eigentlichkeit）という語を構成する eigen は英語の own に相当し、「自己自身の」「自己の」「自分に固有な」という意味である。これは、自己自身に、自分の存在、実存に明確にかかわっているというありさまを指す。本来性という用語はあくまで現存在の存在論上の言葉である。偽りでない、真実のという道徳的ニュアンスで受けとってはならない。非本来的実存は私がたまたま陥っているありさまではなく、私たちはさしあたりたいてい、〈みんな〉という自己、非本来的自己を存在している。それゆえ、本来的自己は非本来的自己の変様（様態が変わったもの）としてのみ可能である（本書第五章二）。

三　現の三つの契機——理解・気分・語り

現存在の存在を気遣いとして取り出すことに向かう現存在の準備的な基礎分析は、第二に、「内に存在すること」をテーマとする。内に存在するとは、そこという特定の場所に（da）存在すること、いや自分の現（Da）を存在することである。現という名詞は、神のように世界に遍在する（世界のどこにでも同時にいる）のではなくまさしく現にこの場所にいるという意味と、この場所が存在することが開示され立ち現れる場所だという意味との二重性を負荷されている。

現は明るむ場とも開示性とも言い換えられる。現に存在するとは、自分の現を、自分の開示性を存在し、明るむ場を存在することである。明るむ場と訳したLichtung（明るみ、明け開け等の訳語がある）は、ドイツ語の通常の用法では森林のなかの木を伐採して開いた空き地のことである。光が差し込んでものが見えることもあれば暗がりになることもある狭い土地、明るむこともそうならないこともある場所である。人間だけが、たとえ隠すという仕方であれ現を存在する。猫はそこに存在してはいるが、そこをみずから存在することはない。この点は、存在するという事象に接近するのに現存在のもつ存在理解を手がかりにすること、また次のように真理を現存在に相関化することと関連している。

開示性ないし現、明るむ場が根源的真理である。①伝統的な真理概念によれば、ある言明・判断がその対象と一致したときその言明は真だとされる。たとえば、「質量をもつすべての物体のあいだには引力が働く」という言明は、物体間の実際の作用と合致していれば真である。真理とは知性とものとの合致である。②しかし、その言明が真であるのは、その言明あるいは現存在が存在者を隠されているさまから隠されていないさまへと引き出しありのままに発見しているからである。真理は、合致ではなく、存在者が発見されていること、隠されていないことである。③ところで、現存在が発見するというありさまにあるのは、現存在に開示性という構造がそなわっているからである。開示性ないし現が根源的真理だというのはそのためである。知性とものとの合致という伝統的真理は根源的真理からの派生態である。そうだとすると、

> 現存在が存在するかぎりでのみ、また存在するあいだにのみ、真理は〈ある〉。(SZ, 226)

万有引力の法則はニュートンが発見する以前には真でも偽でもなかった。それは、ニュートンが発見したことによって、つまり、隠されている状態から隠されていない状態に移したことによってはじめて真となった。隠されたさまにある事象を現存在がそのおおいを外して隠されていないさまへと変えることによってのみ、真理はある。存在することという事象の場合、あいまいに理解しているこの事象を現存在が明確に理解し概念的に把握することによってはじめて、おおいを取られて発見される。「現存在が存在するかぎりでのみ、存在することは〈ある〉」。現存在が存在するかぎりにおいてのみ真理はあり、存在することについての真理もまた現存在が存在するかぎりでのみある。

さて、現を存在する（開示する）仕方には理解と気分（情態性）という二つの等しく根源的な様式があり、理解と気分は語りによって分節される。①理解、②気分、③語りは、現ないし開示性を構成する三つの契機である。

①私たちは何かを理解するという仕方で開示する。ディルタイ解釈学は自然科学が説明という方

法をとるのに対して精神科学（人文・社会科学）に理解という方法を与えたが、この二分法をとらないハイデガーにおいては、理解するという働きは自然科学の説明にとっても精神科学の理解にとっても根底をなす。どちらも、現存在が自分の存在可能性を究極の「〜のために」としつつ、世界を「〜のための或るもの」という道具存在者の指示関連からなる有意義性として理解する、という働きの派生態だからである。

理解の働きを仕上げ、理解したことを自分のものにするのが解釈である。理解には先行理解が先立ち、解釈学的循環なしに解釈は成立しない（本書第三章三）。解釈から派生したのが言明（文・命題）である。自然科学の言明にせよ、ディルタイのいう精神科学の言明にせよ、世界内存在としての現存在が世界を理解し解釈することを基盤にしつつ、理論の水準において成立したものである。N・R・ハンソンやTh・クーンらの新科学哲学は、生《なま》のデータの客観的観測のみにもとづいて科学理論が形成されるという常識が幻想でしかなく、観測や知覚には何らかの理論的枠組《パラダイム》が先行していることをあばいたが、これは、ハイデガーの視点からとらえれば、解釈学的循環の洞察だったといえよう。

②現存在は、理解するという仕方でいわば能動的に開示するだけでなく、気分という受動的な仕方でも開示する。私たちは、喜びや悲しみ、不安、恐れ、退屈、驚きというような気分のなかに置かれる。自分から気分を引き起こすことは無理である。ヴェルレーヌのあの詩は次のように始まる（堀口大學訳）。

雨の巷《ちまた》に降る如く
われの心に涙ふる。
かくも心に滲《にじ》み入る。
この悲みは何ならん？

悲しみは心のなかににじみ入り、涙となってどこからか落ちてくる。その悲しみは現存在がいまどのような状態にあるかを開示する。なにかしらある気分が平板な日常にまどろむ私に訪れ、「自分が存在しており、存在しなくてはならないというむき出しの事実」（SZ, 134）があらわになりうる。

③気分を伴う理解可能性を意義的に分節する（意味の分かるかたちにする）のが語りである。理解できることは語りとして言表される。語りは言語の存在論的・実存論的な基礎をなす。すなわち、語りは、語られる話題（たとえば伊藤博文）、語られる内容（安重根に暗殺された）、他者への伝達（教師が中学生に）、表明すること自体（話す）という四契機からなり、これらが音声としての言語を、ひいては文字としての言語を可能にする。語りの本質的可能性には聞くことと沈黙がある。

四　現存在の存在は気遣いである——投企・被投性・頽落

理解と気分という開示性のなかには、それぞれ投企と被投性という現存在の構造契機が含まれており、また日常的な語りが何を語り、見えるようにしているかということから頽落という第三の構造契機があらわになる。

①理解するという働きは、存在可能性（存在できること）を宿している。或るものを当のものとして理解し開示することは、現存在がみずからの存在可能性を現実化することである。自分の存在可能性を選び、そこへと身を投じるという実存の構造をハイデガーは投企（実存性）[14]と名づける。

②気分はいまの自分のありようを、ひいては「自分が存在しており、存在しなくてはならないというむき出しの事実」を開示しうるが、自分がどこから来たのか、どこへ行くのかは闇に包まれている。この、「自分が存在しているという事実」は、被投性（投げ出されていること）、「引渡しの事実性」とも呼ばれる。私はなぜか数十年前に地上に生まれ、なぜかいまここに存在するという事実へと引き渡されている。実存するということは被投的投企である。

――I was born さ。受身形だよ。正しく言うと人間は
生まれさせられるんだ。自分の意志ではないんだね――（吉野弘）

③現象学とは、存在するという事象について、気分のなかで理解できることを分節して語ること、つまり、存在すること一般や実存を見えるようにすることである。それでは、日常的な現存在は、存在すること一般を、いやまず自分が実存するという事象を見えるようにしているだろうか。

日常性を生きる現存在は、〈みんな〉という自己を存在しており、自己自身をつかみとっていない。現存在は、みずからの存在に関係する（実存する）ことが重要な存在者であるのに、さしあたりたいてい自己を自己自身から理解せず、〈みんな〉のことを気にしながら、自分が配慮的に気遣っている道具存在者から理解する。なすべき（なした）仕事や得るべき（得た）もの、世間体（地位や学歴、服装、〈みんな〉の評判）などが、私の関心事である。自分に固有な（eigen）自己にかかわらない（un-）がゆえに非本来的（uneigentlich）実存と名づけられるこのあり方は、「世界」への頽落である。

現存在は、本来的な〈自己である（自己を存在する）可能性〉としての自己自身からさしあたりつねに既に離れて落ちて、「世界」に頽落している。（SZ, 175）

世界に括弧がついているのは、世界（Welt 英語のworld）という語のおびる世間、世人、世俗の事柄、現世という意味合いを示唆してのことだろう。道徳的堕落や文化的頽廃を、ひいては、楽園にいたアダムとイヴが神の命令にそむいて知恵の木の実を食べた堕罪を連想させずにはおかない「世界」への頽落について、ハイデガーは、それらの連想を予防するかのように、それが現存在の積極的な可能性であることを強調する。頽落は現存在の存在論上・実存論上の構造に組み込まれている。「世界」への頽落においては、自己も他者も物もそのありようが隠されている。とくに、頽落している現存在の他者とのかかわり、相互のありようを導いているのは、(i)「おしゃべり」、(ii)「好奇心」、(iii)「あいまいさ」という現象である。

(i)日常的な現存在は平均的な理解可能性のなかに身を置いており、語りはおしゃべりになっている。おしゃべりにとって重要なのは話題にした存在者のありさまを理解することではなくおしゃべりすることそれ自身である。ある芸能人の恋愛沙汰についてのおしゃべりは、その芸能人のあり方や恋愛するとはどういうことかに関心を寄せているのではない。〈みんな〉が話していることを〈みんな〉と一緒に話し、〈みんな〉と同じであること、その枠内で「個性」を演じることが興味の的である。

(ii)日常的な現存在はまた、自己自身の存在から気をそらすために、新奇なものを目にしたがる。ふだんの生活でも学問の営みでも、それぞれの事象を理解するのではなく、次々に新しいものを追いかけて知りたがり、おしゃべりの種にする。この動向にハイデガーは好奇心という用語を与える。

(iii)だれもがあれこれの事象についてテレビ番組のコメンテーターのようにひとかどのことを語れるようになると、真の理解のなかで開示されたこととそうではないものとの区別があいまいになる。政策論争であれ芸能人の離婚騒動であれ、どこかでだれかが言っていたようなことをもっともらしく発言するだけで、真面目に理解する気は端《はな》からない。〈みんな〉の支配のなかで生まれる理解、世間一般の平均化された解釈内容をハイデガーは、早くから「公共的な被解釈性」と呼んでいたが、公共的な被解釈性は平明な外見に反してまったくあいまいである。

こうした現象のなかで、現存在は自分を頽落へと誘惑し、すべてを理解していると見せかけて不安を打ち消し、自己自身へとかかわって存在することから自分を疎外する。おそらく、手を変え品を変えて現れる占い（血液型、ホロスコープ等々）や、ブームとしてのカウンセリングもまた、自己への関心を〈みんな〉という自己に引き渡す疎外という動向の一つである。

投企・被投性・頽落という三つの構造契機をこのように分析したあとで、ハイデガーは、現存在の存在論的構造の全体性を次のようにまとめる。

（世界の内部で出会う存在者）のもとに存在することとして、自分に先立って既に（世界）の内に存在すること。（SZ, 192）

①「自分に先立って存在する」は投企の契機であり、自分に最も固有な存在可能性にかかわること、（狭い意味で）実存することである。②「既に（世界）の内に存在する」は被投性の契機であり、否応なく、世界のうちに、今ここに投げ出されているという事実性である。③「（世界の内部で出会う存在者）のもとに存在する」とは、自己自身を存在せずに道具存在者を追い求めて〈みんな〉という自己として存在しているという「世界」への頽落である。現存在がこのような構造をもって存在することを、ハイデガーは「気遣い」という名称で一括する。現存在の存在は気遣いである。気遣いは、物に対する現存在のあり方である配慮的気遣いと、他者に対するあり方である顧慮的気遣いとからなる。

気遣い（Sorge）＝自己にかかわり、道具存在者のもとで、他者と共に存在する
配慮的気遣い（Besorgen）＝道具存在者のもとで存在する
顧慮的気遣い（Fürsorge）＝他者と共に存在する

これで、基礎的存在論の二つの課題（本書三二―三三ページ）のうち、現存在の準備的な基礎分析は終わった。次に、現存在の根源的な実存論的解釈[15]という第二の課題に移らなくてはならない。第五章（第一部第二篇第一章から第三章を扱う）と第六章（同篇第四章から第六章を扱う）でこれをみる。

第五章　本来的実存と脱自的時間性

前の章で概観した現存在の準備的な基礎分析（第一部第一篇）があくまで準備的基礎的であって根源的解釈といえないのは、まだ二つの要素が欠けているからである。

(1) 日常的な現存在が、つまり非本来性が分析されただけで、本来性について記述していない。
(2) 現存在の全体性が、つまり死という終末が視野に収められていない。

そこで、『存在と時間』第一部第二篇「現存在と時間性」は、まず、この二つの要素を満たして現存在の本来的な全体存在可能性（全体を存在できること）が、つまり本来的実存が死へと先駆する決意性であることを明らかにする（一、二）。先駆する決意性は他者や物への通路を閉ざさず、状況への決断を現存在に促す（三）。先駆する決意性を可能にする根拠、つまり現存在が存在することの意味は、時間性、それも今の連続とは対照的な、〈将来から時間化する有限で脱自的な時間性〉である（四）。

一　死にかかわる存在

現存在の全体性は、現存在が死んだときにつかまえられるのだろうか。ある考え方によれば、一人の人物がどのような生を生きたかということはその死を待ってはじめて確定するから、そのひとの生の評価は生きている時点においてなされるべきではない。古代ギリシャの賢人ソロンは、小アジア、リュディア王国の栄耀栄華を極めた王クロイソスに、だれかこの世で一番幸福な人間に出会ったか、それは王そのひとではないかと問われ、「人間死ぬまでは、幸運な人とは呼んでも幸福な人と申すのは差控えねばなりません」と答えて王の不興を買った。ソロンが去ったあと、クロイソスは息子を失い、さらに新興ペルシャとの戦いに敗れてリュディア王国は滅びた（ヘロドトス『歴史』松平千秋訳）。クロイソスは自分の生そのもの、自分の存在全体が幸福だと思い込んだが、それは誤解であった。現存在はまだ生の終わりに到達してはいない。そうすると生きている現存在が自分の全体性をとらえようとすることは、クロイソスのような過ちを犯すことになるだろうか。

だが、ハイデガーによれば、死ないし終末とは現在が終末にいたっていること、生命が消えた状態、医師や法律家などによって判定される死亡という出来事ではない。死にかかわる存在（Sein zum Tod）(16)、自分の死にかかわって存在すること、自分の死を存在することである。「死とは、現存在が存在するやいなや引き受けている存在の仕方である」。死を引き受けるとは、実際に死ぬ（生物としての死を迎える）ことではなく、まして自殺することではない。自分が存在できなくなる可能性である死に向かって先駆ける（自分のこの可能性にむかって走る）ことである。死への先駆とは自分の死に対してあらかじめ何らかの態度をとることである。

現存在がそれへと先駆けかかわる可能性としての死は、アリストテレスの概念を使って言い換えれば、現実性《エネルゲイア》ではなく可能性《デュナミス》である。アリストテレスにとって、最高の存在者である神は純粋な現実性であり、その最高の活動《エネルゲイア》（可能性の現実化）は観想《テオリア》（理論的考察）という永遠の知的活動であった。人間も、死すべきものでありながら、不死である神にならうことで幸福を得ることができる。「できるかぎりみずからを不死にし、自分のなかにあるもののうち最高のものにしたがって生きるようあらゆることをおこなう[17]」のでなくてはならない。だが、ハイデガーにおいては、神ならぬ人間ないし現存在は、実存する存在者として、可能性が現実性をしのぐ。

死への先駆ないし先駆すべき死は代理することができない。たしかに、徳川家康の将軍としての職務は息子の秀忠が代理できる。カフカの小説『変身』の主人公は、ある朝目覚めると自分が巨大な虫に変わっていることに気づくが、実直にも仕事のほうを気にする。わが身の変化よりも、布地のセールスマン、四人家族のただ一人の働き手という役割の方が重要であるかのように。それでいて、あとで彼が死んだとき、家族――多くの日本人が「他人」と呼ぶのを忌避するもの――は厄介払いができて安堵しただけであった。このように、たいていの存在可能性は代理できる。影武者が家康の身代わりに死ぬことさえできる。ところが、自分の死にかかわって存在することは現存在自身にしかできない。影武者が何人、何十人死んだとしても、家康は不死身になるわけではなく、家康はそのつど自分の死を引き受けなければならない。死は自分に最も固有な可能性である。死に面するときには、他者との関係が無効になる。さらに、私がどう隠蔽しようと死は確実であり、いつ来るかは定まっておらず、その先に行くことはできない。そこで、現存在の終末としての死は、「自分に最も固有で、他者と無関係で、確実で、しかしいつなのか決まっておらず、追い越すことのできない可能性」（SZ, 258）と規定される。

「私が生きているときにこそ、私自身が自分の死を存在する」[18]。死への先駆において、現存在の全体性、本来的な全体存在可能性（全体でありうるということ）という存在論的可能性があらわになる。死を投企・被投性・頽落という現存在の三つの構造契機から考えよう。

①死にかかわる存在を可能にしているのは、投企、「自分に先立って」という現存在の存在論的構造の第一の契機である。

②現存在はつねに既に自己自身の死に引き渡され、死のなかへと投げ出されている。この被投性、死すべき存在であるという事実を開示する気分は、死の不安である。『存在と時間』では不安が根本気分である。死の不安のなかでは、現存在が重要だと思っているあれこれの他者や道具存在者はどうでもよいものとなる。どんな有名大学に通い、どんなブランド品を身に着け、どんな魅力的な異性ないし同性とつきあっているかは無意味になる。「世界はまったくの無意義性という特徴をおびる」（SZ,

186)。こうして死の不安は自己を単独化する。

③とはいえ、「世界」へと頽落しているがゆえに、現存在は自分の死を忘れようとしている。死はしょせん他人事《ひとごと》であり、いつかだれかを襲う、それゆえいつかは私自身にも降りかかるであろう災難でしかない。まるで大雨に降られたり航空機事故に遭ったりするようなものである。死はいつかやって来るが今は来ない。そして、私は自分の死の可能性（生きている今において死を存在する可能性）を忘れるために、〈みんな〉と一緒にゲームや勉強や仕事に熱中する。作家宇野千代のような傑物は、九八歳にして「私何だか死なないような気がするんですよ」とほほえんだほどである。もちろん、死の不安からのこの逃避も、自分の死にかかわる存在の変奏、様態である。

しかし、死は本当に私の可能性だろうか。逆に、サルトルにとって、死は私の可能性ではなく、「私に可能なものに対するつねに可能な無化である」(19)。私は種々の行動をなす可能性をもっているが、死は私の外部から不意に襲ってそれらの可能性を遮断する。死は生を意味づけるどころか、生から意味を除き去る。サルトルに、スペイン内戦を舞台にした小説『壁』がある。逮捕され処刑を宣告された無政府主義者パブロは、指導者ラモンの隠れ家を教えたら命を救ってやるという取り引きに対して、自分の死を恐れながらも、偽《いつわ》って墓地だと告げた。ところが、殺されまいとするラモンがたまたま墓地に隠れたために、パブロ自身は銃殺を免れる。死を覚悟したパブロにとっても、ラモンにとっても、死は自分の可能性ではなく、偶然の出来事でしかない。誕生も死も無意味な偶然である。だが、サルトルのこの思考は、死を、存在することの物理的な不可能性、中断として、つまり天変地異や交通事故のような客体的な出来事、災難としてとらえる誤解である。サルトルに反して、死は実存することの不可能性ではあるが、つねにそれにかかわることができるかぎり現存在の可能性である。

二　先駆する決意性

死への先駆は現存在の本来的な全体存在可能性であるが、先駆の存在論的・実存論的可能性は、現存在の本来的な実存的可能性によって証《あか》される必要がある。その実存的可能性が決意性である。

現存在の自己はつねに既に〈みんな〉という自己、非本来性のなかに失われているから、本来性は非本来性の撤回、〈みんな〉から自己を取り戻すという仕方で得られるしかない。それをハイデガーは、〈みんな〉という自己が本来の自己を存在することへと実存的に変様すること（SZ, 268）と言い表している。実存論的ではなく実存的という形容詞が付されているのは、非本来性から本来性への変様が、存在論・実存論上の記述の問題、つまり理論上の問題である以前に、現存在が実際にどう存在し実存するかという問題だからである。この実存的変様、非本来性の撤回は、良心の呼びかけを聴き取り理解すること、良心をもとうとする意志であり、その実存論的構造が決意性である。

現存在自身のなかでその良心によって証されるこの際立った開示性――沈黙し不安を受け入れつ

つ、自分に最も固有な〈非がある存在〉へとみずからを投企すること——を、私たちは決意性と名づける。（SZ, 297）

耳慣れない言葉が多いので、⑴良心の呼びかけ、⑵〈非がある存在〉、⑶決意性という言葉を一つ一つ理解しよう。

⑴良心という語はもともと道徳的な、ときには宗教的な単語であるが、ここではそういう意味合い（これをハイデガーは「通俗的良心」と呼ぶ）を遠ざけて、基礎的存在論ないし実存論的分析論の水準で理解しなくてはならない。良心とは、「世界」に頽落し〈みんな〉という自己を存在している現存在に対して、最も固有な自己を存在する可能性に、それも自分に最も固有な〈非がある存在〉に向かうよう呼びかけるものである。良心の声を発するのは神仏やだれか他の人ではなく現存在自身だが、その声は予想もしないときに意に反して訪れる。私のなかから、しかし私を越えたところから無言で呼びかける。

⑵呼びかけが理解させようとしているのは、現存在自身が〈非がある存在〉だということである。現存在の存在である気遣いには投企・被投性・頽落という三つの契機のそれぞれについてなさが浸透しており、現存在はそれ自身非がある（SZ, 285）。①現存在は、投企においてはそのつどいくつかの可能性のうち一つだけを選び他を選べない。ゲーテは、「行動する者はつねに良心をもたない」と書きつ

けている。ある時ある人を助けることは、同時に救いを求めている別の人を助けないことでありうるからである。かといって、観察するだけで行動しないことも一つの投企であり、他の存在可能性を選ばないことであって、非がある。② 被投的存在者としてみずからの存在根拠ではない。③ さしあたりたいてい頽落しているために本来的ではない。呼び声は、〈非がある存在〉であることに目を閉ざしているありさまから、現存在を呼び戻そうとする。

⑶ この声に応じて呼びかけを理解すること、良心をもとうとする意志のなかで、〈みんな〉という自己のうちへ失われた最も固有な自己を取り戻す。これが決意性である。言い換えれば、沈黙のうちで、不安という気分に身を開きつつ、この自分に固有な〈非がある存在〉を引き受けることが決意性である。決意性は形式的実存論的なものであり、具体的にどこに向かうべきかを規定しない。この未規定性（何を決断すべきかを指定していないこと）は、決意性が開示する状況、現存在が現に存在する場のなかでそのつどの事実的な可能性へと投企すること、つまり決断によって実存的に規定される。「決断こそはじめて、そのつどの事実的な諸可能性を開示して投企し規定することである」。(SZ, 298)

ところで、先駆と決意性はどういう関係にあるだろうか。現存在はいつでも既に非決意性のうちにあり、ひとたび良心をもとうとしたとしても、すぐに良心の呼びかけに耳をふさぐようになる。そこで、決意性は、全体的かつ不断のものであるために、死への先駆と結びつかなくてはならない。現存在にとって、自分の存在可能性について決定を下す最高の審廷は自分の死だからである。気遣いは死と〈非〉とを等しく根源的に含んでいる。決意性の本来的可能性は先駆する決意性であり、現存在の本来的な全体存在可能性は、つまり本来的な気遣いは先駆する決意性である。

三　自己に向かって、他者と共に、物のもとに

先駆する決意性として明らかになった現存在の本来性については、いろんな誤解や批判がある。ここでは、そのうち四つについて言及することによって、先駆する決意性が現存在に状況を開示し、したがって現存在を自己に向かって、他者と共に、物のもとに存在させることを示したい。

①本来的自己の取り戻しは自分探しだろうか。いまは不遇だが、私が現に存在しているのとは違った本当の自分が隠れていて、それを見つけ出したとき幸福に包まれるという想念は、閉塞感に苦しむ多くの人々を既に魅惑しているかもしれない。エリート会社員となる日を夢見る学生も、自己啓発セミナーに引き込まれる青年も、いつか白馬にまたがった王子様が迎えに来ると信じる少女も、ここではない別の場所に本当の自分を探している。ボードレールは、散文詩「どこへでも此世の外へ」でこの動きを少し高級に描写した（三好達治訳）。

この人生は一の病院であり、そこでは各々の病人が、ただ絶えず寝台を代えたいと願っている。ある者はせめて暖炉の前へ行きたいと願い、ある者は窓の傍へ行けば病気が治ると信じている。

私には、今私が居ない場所に於て、私が常に幸福であるように思われる。

ここではないどこかへ行けば、別な他者と別な物に囲まれた別の世界では、真実の自分になれるという観念。それでは、自分が自己自身に出会う経験である本来的実存への変様はこのイリュージョンとどこが違うのか。真実の自分なるものが固定したものとしてどこか別の場所に存在するという幻影を追わない点である。そのつど自分が自分にかかわることが本来的であって、それが美しい、すばらしいとか幸福だとかいう価値の高い修飾語と結びつけられることはない。まさしくいまここで自分自身にかかわるのであって、実存する私が存在している現というこの場に、つまり状況――先駆する決意性のなかで開示される場――に身を開くこと、それが先駆する決意性において実存することである。「そのつどの状況への決断」（SZ, 308）をハイデガーは説く。

②しかし、決意性は形式的実存論的なものだからどのように決断するべきかという内容を指示しない。あくまで形式的に、状況へと身を投じる決断を促すだけである。そのうえ、決意性だけでなく、それが開示する状況のなかで具体的な姿をとる決断についても、そのつどの事実的な可能性へと投企すると述べられているにすぎない。レーヴィトの回想によると、ある学生は先駆する決意性をめぐって、「私は決断している、ただ何を決断しているかがわからない」とふざけたという。決断の内実が明示されなければ、抽象的で空疎だという皮肉である。

だがこの批判は、実存についての誤解であろう。客体存在ならばその本質は明示できる。水は酸素と水素の化合物で、無色・無味・無臭の液体で、化学式はH_2Oであり……、というように一義的に規定できる。$x^2=1$の解は±1以外にはない。実存する現存在についても、それと同じように、山田一郎さんは本当はこれこれの人間であり、大学卒業後はこれこれの仕事につくべき人間であり、したがって大学三年の夏休みにはこれこれのことを行うべきであり……という解を下賜されたいのだろうか。宗教指導者や政治家や霊能者のお告げを待っているかのように。だが、それら与えられた指示に随従することは、本来的に実存することではない。実存において重要なのは自己自身の存在にかかわるという可能性であるから、具体的指示をほしがって自分のありようをみずから決断しない態度は、非本来的な実存でしかないだろう。それでは、実存論的独我論をどう解すればよいのか。

③不安の気分が現存在を単独の自己として開示する点で、ハイデガーはみずからの立場をあえて「実存論的独我論」と特徴づけている（独我論については本書四〇ページを参照）。『存在と時間』は、本来性における道具存在者や他者とのかかわりについて述べることはほとんどない。この沈黙のゆえに、また既にみた「公共的な被解釈性」に対するネガティブな態度もあって、多くの評者は『存在と時間』のなかに愛の欠如を見出すことにもなった。しかし、これも誤読である。実存論的独我論なるものは、独我論とは異なり他者や物への通路を閉ざしてはいない。むしろ逆に世界内存在としての自分自身へと導く。決意性のなかでは、

道具的に存在する「世界」が「内容面で」別の世界になるわけではなく、他者たちの輪が取り替えられるわけではない。けれども、道具存在者に対する理解し配慮する存在や、他者たちとの顧慮する共存在は、いまや最も固有な自己存在可能性の方から規定されている。(SZ, 297f.)

現存在自身が開示されるだけでなく、道具的に存在する「世界」や他者のありようがこれまでとは別の仕方で開示される。だからこそ、そのつどの状況への決断が意味をもつ。「決意性は、自己をまさしく、道具存在者のもとでそのつど配慮して存在することにもたらし、他者たちと共に顧慮して共存在することへと突き当たらせる」(SZ, 298)。それは、病人が別のベッドを望むのとは違っている。『存在と時間』は、基礎的存在論の著作であって人間学の書ではないから、これについて詳しく考察せず、各人の決断に委ねるにとどめた。

④そうすると、レヴィナスが自分の存在(生)を他者よりも優先するとハイデガーを批判しているのも的を射ていない。たしかに、存在者の存在の諸構造とそれらの可能な理解可能性は、諸々の存在者からなる「～のために」という指示関連が帰着する究極の「～のために」である自己自身のうちに根ざしている。しかし、二七年夏学期講義で強調しているように、存在論上のこの記述を、自然は人間的現存在のために創造されているとか、現存在の目的はもっぱら自己自身を気にかけることで、その道具として他人たちを利用することだとかいう存在者の水準での主張と混同してはならない。「現

存在は、自己自身にかかわることが重要な存在者として、等しく根源的に、他者と共に共存在し、しかも世界内部の存在者のもとに存在する」(GA24, 421)。現存在と現存在との本来的な相互存在は、本来的な決意性から発する(SZ, 298)。さらに進んで、自己の存在より他者の存在を優先し、ときには他者のためにみずからの命を犠牲にするのも、自分の存在にかかわり他者と共に存在する一つの仕方である。

四　将来から時間化する脱自的時間性

現存在の実存論的構造の全体性は、〈③(世界の内部で出会う存在者)のもとに存在することとして、①自分に先立って、②既に(世界)の内に存在すること〉である。①投企、②被投性、③頽落という三つの構造契機のこの統一体が気遣いであり、気遣いの構造の全体性は先駆する決意性である。端的にいうと、本来的な気遣いは先駆する決意性である。それゆえ、現存在の存在の意味を問う第一部第二篇は、気遣いの意味とは、先駆する決意性の意味とは何かという問題に挑み、それが〈将来から時間化する脱自的時間性〉であることを明らかにする。

まず、意味とはどういうことなのかを考えよう。意味とは「或るものが或るものとして理解できるようになる投企の目当て」(SZ, 151)である。存在の意味の場合、現存在は、存在の意味を目当てとして、つまり存在の意味にもとづいて存在を存在として理解し投企することができる、ということである。もっと簡単にいえば、存在の理解を可能にするものが存在の意味である。存在することの意味を解明するとは、存在することという事象の背後にひそむ何かを取り出すことではなく、「現存在の理解可能性のうちに収まるかぎりでの存在することそのこと」（SZ, 152）を問うことである。意味は現存在の理解作用と不可分であり、したがって有意味ないし無意味でありうるのは現存在だけである。

そうすると、現存在の存在の意味とは、先駆する決意性を可能にするもののことである。それが将来から時間化する脱自的時間性だという理由を、三つの契機に即して見てみよう。

①「自分に先立って存在する」という投企ないし狭義の実存の契機。死へと先駆け自分の最も固有な存在可能性にかかわって存在するという投企の契機は、現存在が自分を自分（最も固有な存在可能性）へと将来させる（向かわせる、到来させる）（sich auf sich *Zukommen*-lassen）ことができるから可能になる。時間の次元でふつう将来（Zukunft）[20]と呼ばれるものの根源的（根底をなす）現象は、自分を自分へと将来させるということ、その意味での将来である。

いま将来と訳したZukunftは日常語としては未来、前途、今後などとも訳される。未来は、今の連続という時間の流れにおける〈まだ現実となっていない今〉、これから来る今のことである。しかし、自分を自分に将来させることという将来は、そうした未《いま》だ来たらぬ今ではない。時間を今の連続としてとらえる通俗的（一般的）概念は、存在することを〈ずっと現前・現在しつづけること〉としてとらえる伝統的存在概念とともに、解体されなくてはならない。現存在が自分を自分へと将来させる仕方の一つとして、未だ来たらぬ未来を、つまりまだ今になっていないがいつか今になる今を予期する（期待する、恐れる等々）という様態があるのであって、未だ来たらぬ今という通念から、（自分を自分へと）将来（させること）を考えてはならない。

②「既に（世界）の内に存在する」という被投性ないし事実性の契機。決意性は現存在が実存しながら自分の〈非がある存在〉を引き受け、被投性を引き受けることである。これは、自分がそのつど既にいい存在した自分を存在すること、そのつど既にあったとおりの自分であることである。これをハイデガーはみずからの既在（Gewesen）という奇妙な造語で表現する。決意性は、自分の最も固有な既在に立ち返ることである。既在性が被投性を可能にする。

既在ないし既在性は、過去（過ぎ去ったこと）、既に終了した出来事、〈もはや（存在し）ない今〉ではない。現存在は既在を引き受け存在するのであって、既在であったのではない。私は高校時代に友人と仲違いしたという遠い過去をもっているのではなく、友人と仲違いしたという事実へと立ち戻りそれを引き受けるのである。またしても耳触りのよくないドイツ語で、「私は既在している（ich bin-gewesen）」と表されている。しかも、現存在が自分の〈非がある存在〉を引き受け決断できるのは、死へと先駆することによってであり、したがって、私が既在していることが可能であるのは自分を自分へと将来させるからである。既在性は将来から発する。

③「（世界の内部で出会う存在者）のもとに存在する」という契機。この契機はさしあたりたいてい、つ

まり非本来的実存にあっては、「世界」への頽落というかたちをとる。しかし、先駆する決意性が現存在自身にそのつどの状況を開示するとき、頽落を撤回した、したがって頽落におけるのとは異なった「〈世界の内部で出会う存在者〉のもとに存在する」の様態が立ち現れる。道具存在者や他者たちは頽落におけるのとは違った仕方で開示される。このような事態が可能になるのは、周囲の世界ないし環境世界に現前する存在者を現在化することによってである。

この現在化は、存在者をそれとして出会わせることである以上、たんなる今を指すのではない。決意性が「行動しつつ、把握するもの〈存在者〉をさえぎることなく出会わせること」を行うのは、現在化という意味での現在としてである。現在化のなかで、一本のペンは私が自分の存在を忘れて自慢したり仕事に没頭したりするための道具ではなくなり、ある知人は私がおしゃべりしたり張り合ったりする相手ではなくなる。現在とは私を状況のなかに連れ出すことである。現在化という意味での現在は、既在性と同じく将来から発する。

これら三つの契機の統一現象が、つまり「既在しつつ現在化する将来」が時間性、つまり〈将来から時間化する脱自的時間性〉である。現存在が時間性であるからこそ、先駆する決意性が、つまり本来的な気遣いが可能である。時間性が「本来的な気遣いの意味」である。次に、この時間性について、①脱自的、②根源的、③有限、④時間化という四つの特徴をとり出す。

①将来、既在性、現在は、それぞれ「自分の方へ」「自分へ立ち戻って」「〜を出会わせる」という

性格を、すなわち「自分から脱け出て～の方へ」という脱自の性格をもっており、どれも脱自態（Ekstase）である。時間性は脱自的（ekstatisch）である。この脱自的という語が実存（Existenz）と同じく（自分の）外に出る、外に立つという意味のギリシャ語の語源（ekstasis 通常は英語の ecstasy と同じく忘我を意味する）をもつことに注目しよう。ハイデガーのこの用語法が意図的であることは疑えない。脱自的な時間性が、狭義の実存（投企）をも広義の実存（現存在の存在の全体）をも可能にしている。

②時間性は、始まりも終わりもない純粋な〈今の連続〉という通俗的な時間概念の根源である。アリストテレスは『自然学』で、「時間とは、前と後という地平のなかで〔現存在が〕出会う運動において数えられたもの[21]」と定義していた。私たちは運動と時間を一緒に知覚する。運動する物体が前はある地点にあり、後（次）にはそこから別のある地点へと移動するのを知覚するときに、この前後の運動とともに前の今（第一の今）と後の今（第二の今）という二つの数えられた今を、つまりは時間の経過を知覚する。こうして、アリストテレス以来、時間は今の連続としてとらえられてきた。この通俗的時間概念は脱自的時間性から派生する[22]。

③現存在は死という終末（Ende）に向かって存在するから、有限に（endlich 終末に向かって）存在する。死にかかわる存在を可能にする時間性もやはり有限である。もちろん、私が医学上死んでしまい、もはや存在しなくなったとしても、今の連続という通俗的時間は流れていくかもしれないが、そのことは根源的時間の有限性、私が現存在することを可能にしている時間の有限性に対する反証にはならな

い。時間が有限であるのはいつか私が――まして世界が――存在しなくなるからではなく、私が私の死という終末にかかわって存在するからである。

④時間性は現存在の存在の意味であって、世界のどこかに、あるいは世界を縁取る枠組みとして存在するものではない。人間や猫や彗星は存在するが、時間は存在しない。時間性は時間化する(23)。

以上は、きわめて単純にまとめれば、〈現存在は時間である〉ということになる。〈存在と時間〉という問題設定は、第一部第二篇においては、〈現存在が存在することの意味は、脱自的時間性という時間である〉というかたちをとっていた。

第六章　歴史性と共同運命

本来的な気遣いを可能にしている根源的時間性は、日常性や、本来的な意味での歴史（歴史性）および通俗的な意味での歴史、また通俗的な時間概念を可能にしているであろう。これを論じるのが第一部第二篇の最後の三つの章（第四章―第六章）である。脱自的時間性は世界内存在を可能にしている（一）。時間性の具体化が歴史性（二）、本来的な歴史性が運命、民族（国民）の歴史的生起が共同運命である（三）。『存在と時間』前半部はこうして閉じられるが、それが究極の目標にいたるかどうかを最終節で自問せざるをえなかった（四）。

一　状況のなかで出会うものへの脱自

ハイデガーは、第一篇で行われた現存在の日常性の分析に立ち戻って、時間性がどのようにして日常性を可能にしているかを示す日常性の時間的解釈を行う。ここでは現の三契機のうち最も重要な理解の時間性についてだけ紹介すると、次のように整理できる。

（本来的な将来：先駆
（非本来的な将来：予期
（本来的な既在性：反復（取り戻し）
（非本来的な既在性：忘却
（本来的な現在（化）：瞬視（瞬間）
（非本来的な現在（化）：現在化

前の章で述べたように、本来的実存を可能にする時間性は「既在しつつ現在化する将来」である。理解において、本来的な将来は死へと先駆けるというかたちをとり、本来的な既在性は被投性を引き受け、既在している諸可能性に立ち返ってこれを取り戻す、すなわち反復するというかたちをとる。[24]本来的な現在は瞬視である。原語の Augenblick はふつう一瞬（きわめて短い時間）というほどの意味で使われるが、文字どおりには目で見つめることである。決断しつつ、状況のなかで出会うものに向かって脱自すること、単純にいえば状況を見つめることが瞬視である。瞬視としての現在は、今の連続という通俗的時間概念における今とはまったく異質である。

非本来的に理解する実存を可能にする時間性について簡単に説明しよう。非本来的な将来である予期は、配慮される道具存在者から自分へと向かう。配慮されるものが何をもたらし何を拒むかということから自分の可能性を予期する。これから期待が派生する。たとえば、お金という配慮されるものを得るために株式投資を始め、株価の動きを予想する。非本来的な現在である現在化は瞬視・決断せず、配慮されるもののもとに頽落する。株の売り買いの果敢な決定を下すことで、自分の存在を忘れる。非本来的な既在性である忘却は、自分に固有な既在性を回避することである。存在することを現存在が忘却しているという『存在と時間』の診断は、時間的にはここから理解すべきである。忘却は過去についての記憶を保持しないことではない。既在性を反復しないこと、いわば過去に目を閉ざすことである。保持しないこととしての忘却や、保持することとしての記憶は、ともにこの忘却の様態である。

ところで、現存在は世界内存在という構造をそなえている。そうだとすると、時間性が世界内存在を可能にしているはずである。既に述べたように、時間性には、「自分から脱け出て〜の方へ」という脱自の性格がそなわっている。脱自の方向、行き先は地平ないし地平的図式である。地平的図式は、将来においては〈自分つまり自分の存在可能性のために〉、既在性においては〈自分がゆだねられているところ〉（たとえば〈非がある存在〉）、現在においては〈〜のために〉（たとえばハンマーで釘を打つために）である。これらの三つの地平的図式の統一、時間性にもとづく統一によって、世界が開示される。つまり、世界内存在は、したがってまた世界の超越（世界が現存在の外部にあること）といわれるものも、時間性の脱自的・地平的統一が可能にしている。

　これから、状況のなかで出会うものに向かって脱自するという瞬視に重きを置いて、歴史性や運命、共同運命の問題を考える。

二　歴史性

　歴史という言葉で私たちが理解するのは、おそらく、人間や自然の、過去に起きた出来事の連なり、または、その記述ないし学問（歴史学）ということだろう。日本の歴史（日本史）というときは、日本という国・地域に住む人間を中心とした過去の一連の出来事、またその記述である。宇宙の歴史とは宇宙という自然領域の過去の一連の出来事、歌舞伎の歴史とは歌舞伎という人間社会の一現象の過去の一連の出来事のことである。

　これに対して、『存在と時間』では歴史性（Geschichtlichkeit）、世界歴史（Welt-Geschichte）、歴史記述（Historie世界歴史の記述、歴史学・歴史研究）という三つの区別を設けている。歴史の通念に一番近いのは世界歴史である。世界歴史とは、世界史と日本史といった分類における世界史のことではなく、世界内存在である現存在がその内で存在する世界の一連の出来事としての歴史のことである。宇宙史も世界史も日本史も歌舞伎の歴史も世界歴史の一種である。三つのうち、存在の意味を問うハイデガーにとって最も重要なのは、現存在の存在構造としての歴史性である。歴史性は、次のように時間性の具体化と言ってもよい。

実存論的分析論は、現存在の全体性をとらえようとして、死という終末を視野に入れて死にかかわる存在という構造を明らかにした。ところが、現存在の全体性を「取り囲んでいる」終末は死であるだけでなく誕生でもある。現存在は誕生と死とのあいだを存在している。死は、まだ存在しない未だ来たらぬ（たとえば数十年後の某月某日にどこかの病室や事故現場で起きる）出来事ではないが、これと同じく誕生は、過ぎ去った（たとえば一九年前のある日にどこかの産院で起きた）もはや存在しない出来事ではない。現存在は誕生するという仕方で実存している。現存在は誕生と死のあいだを存在している。現存在が自分の誕生と死のあいだを存在するというこの事態が、すなわち、ハイデガーのこった言い回しでは「伸び広げられるという仕方で自分を伸び広げる特別な運動」（SZ, 375）が、歴史的生起（Geschehen）である。

死すべき存在にしてこの世に生まれた存在として、一方では自分の誕生と自分の死のあいだへとつねに既に伸び広げられており、他方ではこのあいだをみずから引き受け、このあいだに自分を伸び広げるという運動、被投性の引き受けに力点をおく運動が歴史的生起である。ハイデガーの使っていない表現を用いてもっと平易に説明しよう。自分の死への先駆をバックボーンにしながら、つまり将来することから出発しつつ、自分の誕生を存在し、既在性を存在すること、同時にまた状況を見つめ瞬視すること、これが歴史的生起である。この国であの両親のもとに生まれ、あの町であの家庭に育ち、あの学校を出て、今親元を離れてこの大学に通うという事実を、被投性を既在していることと、死すべき存在であるということ、この二つのあいだを存在することである。[25] 私は百年前にはまだ存在しなかったし、百年後にはもう存在しない。

もちろん、どこから来てどこへ行くのかは私には隠されている。私はなぜかこの世に生まれ、なぜかいまここに存在するという事実へと引き渡されている（本書四七ページ）。自分の出生や父母について知ったからといって、存在する理由ないし根拠が明らかになるわけではない。神が天地と人間を創造したという神学的説明や、ビッグバンが宇宙の起源だという物理学理論も私の存在の事実を理由づけはしない。しかし、自分の誕生と自分の死のあいだを存在することは、現存在にとって大きい意味をもつ。赤ん坊のときに橋の下から拾ってきたと聞かされて幼児が傷ついたり、育ての親が遺伝上の親ではないことを知った中高生が荒れたりするのは、歴史的生起の不安定化という事態にほかならない。名家の生まれだという高貴な来歴を誇り、ときには天皇のご落胤だと妄想するのも、歴史的生起の一つのかたちである。

歴史的生起の構造が歴史性である。それぞれの現存在はそのつどあいだを存在し、歴史的に生起するが、それらの個々の歴史的生起に共通した本質、存在構造が歴史性である。歴史的生起ないし歴史性は、さしあたっては、歴史学者やドキュメンタリー作家が客観的に描写しようとする一連の過去の出来事そのものとしての歴史、つまり世界歴史とは直接の関係がない。第一義的には現存在こそが歴史的に存在する。世界の内部で出会う道具存在者や環境世界の自然が歴史的でありうるのは、また、歌舞伎の歴史や宇宙の歴史、つまり世界歴史が成立し、さらには歴史記述（歴史学）が存在するようになるのは第二義的、派生的である。

三　運命と共同運命

ところで本来的歴史性は運命と呼ばれる。運命というと、天や神、星回り、自然法則などによって自分の全生涯あるいはその重要な局面があらかじめ決定されたものだと思われるかもしれないが、ここではそういう含意はまったくない。運命とは、

> 本来的な決意性のなかに含まれる現存在の根源的な歴史的生起〔である〕。現存在は、運命というこの歴史的生起のなかにあって、死に対して自分を開き自由であり、遺産として相続されたがしかしみずから選んだある可能性のなかで、自分を自己自身に引き渡す。（SZ, 384）

先駆において自分の死という可能性に身を開き、決意性において自分の被投性、〈非がある存在〉に立ち返って、誕生と死のあいだに自分を伸び広げ、自分に与えられた遺産（引き渡された可能性）をみずから相続すること、これが運命、本来的歴史性であり、被投的存在としての現存在に与えられた可能性を引き受けることである。それは、「伝えられた実存可能性を取り戻し反復すること」「既在してい

る現存在の諸可能性のなかへの帰還」「自分の英雄を選ぶこと」「相続された可能性を自己自身に引き渡し、自分に固有な被投性を引き受け、「自分の時代」を瞬視すること」と言い換えられている。ハイデガーの手紙（一九二九年九月一二日）にはこうある。

　人間的現存在の過去というものは、およそどうでもよいものではなく、私たちが深みへと成長するときには繰り返し立ち返る場所です。しかし、この帰還は既在のものをただ受け取るのではなく、変容するのです。(26)

　変容するとは、『存在と時間』の用語でいえば反復すること、既在している可能性を自分に引き渡すことである。また同書刊行の約一〇年後には、自身の思考の歩みを振り返って、「みずからの最も固有な来歴――両親の家と故郷と少年期――をまもり、同時に苦しみながらそれから自分を切り離すこと」とひそかに書きつけていた。死すべき人間として現在において自分の過去や伝統と対峙すること、これが運命である。

　そもそも、『存在と時間』という未完の書物自体、一九二〇年代のドイツという「自分の時代」において、古代ギリシャ以来の哲学の遺産を引き受け、反復（新たな視点から繰り返して変容）し、解体する著作であった。英雄として選んだのはアリストテレスやカント、デカルトをはじめとする哲学者たちであった。

そのうえ、現存在は他者たちとの共存在であるがゆえに、現存在の歴史的生起は共同的な歴史的生起である。これをハイデガーは共同運命（Geschick）と名づけ、「共同体、民族の歴史的生起」（SZ, 384）と説明している。ある共同体、とりわけ民族（国民）が自分たちに与えられた遺産をみずから相続し、そのなかから自分たちの英雄を選択し、自分たちの時代、状況を瞬視すること、つまり共同運命が、やがて一九三三年にどういう具体相をとるかについては、本書の第八章でみることにしよう。

四　『存在と時間』最終節

さて、第一部第二篇の、したがって公表部分の最後は、第八三節「現存在の実存論的・時間的分析論、ならびに、存在すること一般の意味についての基礎的・存在論的な問い」である。第三篇を意識しながらこれまでの歩みを概括する、原文で二ページ足らずのこの節は、疑問文が次々と現れる点で、『存在と時間』のなかで、あるいは哲学書全般のなかでも、スタイルが異例である。この節のすべての文は、疑問符が付いていようといまいと、これまでの歩みが存在すること一般の意味を明らかにしうるかどうか自問している。

しかしそれにもかかわらず、現存在の存在構造をきわだたせるのは、一つの道にとどまる。目標は存在の問い一般を仕上げることである。…存在論の基礎的な問いを解明する一つの道を探し、そして歩むことが肝要である。その道が唯一の道であるか、あるいはそもそも正しい道であるかどうかは、歩んだあとではじめて決定できる。…存在解釈をめぐる戦いを燃え上がらせる準備だけに向かっている本研究は、まだ途上にある。本研究は道のどこにいるのか。（SZ, 436f.）

存在すること一般の意味を解明する普遍的存在論が究極目標である。そのために、この書物はこれまで、存在することをあいまいながら理解している唯一の存在者である現存在の存在構造を浮き彫りにする基礎的存在論という道を選び、現存在の存在の意味が脱自的時間性であることを明らかにした。残るは、根源的時間である脱自的時間性が存在すること一般を理解するゆえんを概念的に把握する普遍的存在論であり、これが第三篇の課題である。ところが、第八三節では、現存在の存在理解を導きの糸とするこの方途が、これまでの『存在と時間』の歩み全体が正しいかどうかを疑い、自分が森のなかで迷子になってはいないかと浮き足立っているようにさえ見える。第一節の冒頭では、「存在《ウーシア》をめぐる神々と巨人族の戦いを新たに燃え上がらせる」（SZ, 2）という指令を高らかに発していたのに、最終節では、この戦いを燃え上がらせる用意を誤った可能性を否定しない。既刊部分の『存在と時間』を閉じる最後の二つの文はこうである。

根源的時間から出発する一つの道は存在することの意味へといたるのだろうか。時間そのものが存在することの地平としてあらわになるだろうか。（SZ, 437）

この二つの文はただの修辞疑問だろうか。出版以前にこの第八三節に続く第二部第三篇の原稿を書き上げていたハイデガーは、「存在することの意味へといたる」「存在することの地平としてあらわになる」という肯定の答えを予想していたのだろうか。この問いに私は明確な答えを出せない。最終節の執筆時にどう考えていたにせよ、結局、第三篇「時間と存在」は公表にいたらなかった。『存在と時間』の後半部を出版しようとする努力は実を結ばなかった。時間から出発する道が存在の意味へと通じることはなく、時間そのものを存在の地平として明示することはできなかった。

第七章　「時間と存在」

初稿の公表を断念したにもかかわらず、ハイデガーは第一部第三篇「時間と存在」をすぐにあきらめはしなかった。二〇年代後半に、「時間と存在」をあらためて仕上げようと何度も企てていた（一）。一九二七年夏学期講義で試みられた道具存在のテンポラールな解釈を一瞥し（二）、二〇年代後半において現存在に存在論上の無限性が託されていたことを見届けたい（三）。

一　「時間と存在」初稿の放棄と新たな仕上げ

論文の発表をせかされていたハイデガーは、「時間と存在」の初稿も執筆していた。発行の約一年前、一九二六年四月一日に『存在と時間』の印刷を始めたが、この月二四日のヤスパース宛書簡では、印刷全紙三四枚（約五四四ページ）になると伝えている。実際に発行されたのは印刷全紙二八枚、本文が四三八ページ（初版）だったから、二六年四月下旬には、後半部も含む全巻のページ数を予測していたのであろう。のちにハイデガーがフォン・ヘルマンに与えたハイデガーの書き込みのある棒組校正刷（初校）には、二六年四月一七日という日付が入っているという。二六年一〇月四日には印刷を停止させて（おそらく第一部第二篇「現存在と時間性」を）書き直したところ大きくなって、全体で全紙五〇枚（約八〇〇ページ）になるだろう、と記した。これでは『現象学年報』第八巻にはとうてい収まらないため、二部に分けてまず前半部だけを印刷させることにした。

ハイデガーは、一九二七年一月一日から一〇日までハイデルベルクのヤスパース宅に滞在した。あらかじめ校正刷を郵送していたが、そのほか、第二篇第三章と第四章の校正刷を持参した。「友情のこもった生き生きとした議論」を交わすなかで、既に仕上げていた第三篇「時間と存在」が、つまり「この最も重要な篇」（GA49, 40）が理解されないだろうということに気づき、印刷中だったのにそのままでは公表しないことをヤスパース宅で決めたという。原稿を読んでもらったわけではないが、説明するなかでこのままではよくないと悟ったのである。こうして、『存在と時間』は序論の予告では全六篇構成であったのに、その三分の一だけを「前半部」と銘打って、一九二七年四月に単行本を、翌月にはベッカーの論文とともに『現象学年報』のなかで公刊した。三七／三八年に執筆されたハイデガーの手記には、第三篇の最初の仕上げは処分したと書き込まれている（GA66, 413）。

とはいえ、最初の仕上げの公表を断念した二七年初めには、ハイデガーは、一年もたてばもっと明快に記述できると思っていたし、前半部に書きつなげる試みをいくつも行っていた。この年の夏学期講義「現象学の根本諸問題」は第一部第三篇「時間と存在」の「新たな仕上げ」の一つであり、死の前の年一九七五年にハイデガー全集の初回配本として出版された。この講義は存在論の歴史との対決という仕方で〈存在と時間〉の問題に接近しており、「時間と存在」の新たな仕上げであるだけでなく、第二部にも入り込んでおり、歴史的な方途を選んでいる。（実は既に『存在と時間』第一部もあちこちで存在論の伝統との対決を行っていて単純な二部構成にはなっていなかったし、初期フライブルク時代から体系と歴史の二分法に疑義を表明していた）。

一九二七／二八年冬学期講義や二五／二六年冬学期講義などをもとに、〈存在と時間〉ないし「時間と存在」という問題設定の代弁者をカントに見出すという「逃げ道」として著述されたのが、『カントと形而上学の問題』（一九二七年）である。二八年夏学期講義も、ライプニッツ解釈という格好で〈存在と時間〉の問いに立ち向かった。それらを詳しく解説するゆとりはない。「時間と存在」が目指していたことを理解するために、「現象学の根本諸問題」における、存在することのテンポラリテートにもとづく解釈、つまりテンポラールな解釈について、ごく手短にふれておきたい。

二　道具存在のテンポラールな解釈

『存在と時間』は、現存在の存在の意味が時間性であることを明らかにした。現存在が存在することを可能にしているのは時間性である。そうだとすると、現存在のもつ存在理解を、したがってまた存在論そのものを可能にする条件も時間性であることになる。現存在は、存在するということを時間性という地平から理解している。存在理解を可能にしている時間性を、ハイデガーはラテン語系の用語を造ってテンポラリテートと呼ぶ（本書注（8）を参照）。テンポラリテートは時間性そのものの最も根源的な時間化である（GA24, 429）。存在のテンポラールな解釈を企てたのが、二七年夏学期講義「現象学の根本諸問題」である。この講義は、序論における予告によれば、三部構成で各部が四章、全部で一二章からなるはずであったが、第二部第一章までで終わり、そのあとが続けられることはなかった。本節では、この長い講義のうち、道具存在のテンポラールな解釈に目を注ぐことにしよう。

『存在と時間』によれば、世界の世界性は「〜のための或るもの」という諸々の道具存在者が織りなす指示関連の全体、すなわち有意義性であった。現存在は、究極的には自分のために、自分の存在可能性のために、諸々の道具存在者の指示関連を指示関連たらしめている。しかも、現存在の存在を可能にしているのは時間性であるから、将来、既在性、現在という三つの地平的図式（脱自・超越の方向）の統一にもとづいて世界が開示される。世界の超越（現存在の外部にあること）を可能にしているのは、時間性の脱自的・地平的統一である。

この考え方は、「現象学の根本諸問題」においても踏襲されている。世界が超越的なものだとすれば、真に超越的なものは現存在である。時間の脱自的性格が、言い換えれば時間性の根源的な脱自的・地平的統一が、現存在の超越を、したがってまた世界を可能にする。本書の冒頭で引用したこの講義の一文を強調を外して再掲する。

> 時間の脱自的性格が、現存在に特有な踏み越えの性格を、つまり〔自己に向かって、他者たちと共に、道具存在者のもとに存在するという〕超越を、したがってまた世界をも可能にしている。(GA24, 428)

そうだとすれば、脱自的時間性は、テンポラリテートとして、道具存在の理解をも可能にしているにちがいない。超越することの一つの仕方は、道具存在者のもとに存在すること、道具存在を理解することであり、これを時間性が可能にしているのである。

道具存在(Zuhandenheit)とは手許にありいつでも手で使えるというあり方である。これに対して、手許にないもの(Abhandenes)のあり方は手許にない存在(Abhandenheit)と呼ばれる。手許にないものは手許から離れているのだから、手許にあるものの一つの様態にすぎない。これらのあり方、存在様式を時間性の視点からとらえなおすと、道具存在(手許にあること)は現前性(Anwesenheit 現在していること)の、手許にない存在は非現前性(Abwesenheit 現在していないこと・不在)の典型である。

ハイデガーによると、現前性と非現前性を包括するのがプレゼンツ(現在に相当するラテン語系の単語)である。次のように、プレゼンツは道具存在を理解する可能性の条件である。現在化は、本来的な現在化(瞬視)であろうと非本来的な現在化であろうと、道具存在者をプレゼンツに向かって投企する。つまり、現在化という脱自態(「自分から脱け出て〜の方へ」という脱自の性格)の方向、行き先、地平ないし地平的図式がプレゼンツである。現在化において出会う道具存在者は、プレゼンツという地平にもとづいて、現前するものとして、つまり現前性に向かって理解される。道具との交渉の時間性は〈道具連関を保持し予期しつつ現在化すること〉（GA24, 432）であり、現在化という脱自態が主導的であるため、道具存在は第一次的にはプレゼンツから、プレゼンツとして理解される。テンポラリテートは地平的図式の統一に関する時間性である。道具存在の場合には、テンポラリテートはプレゼンツという地平に関する現在（化）である（GA24, 436）。ハイデガーは詳しく論じていないが、将来および既在性という二つの脱自態についても、同様の地平があるという。

道具存在のテンポラールな解釈を明確にするために、次にハイデガーは、手許にない存在をテンポラールに解釈する。たとえば、手帳にメモしようとして私はペンが手許にないことに気づく。予期している道具存在者（ペン）を見出さない。そのとき私は非現在化を行う。この非現在化とは、たんに現在化しないこと、超越しないことではなく、現在化の変様であり、それ自身脱自態である。その地平的図式はアプゼンツ（現在しないこと・不在に相当するラテン語系の語で英語の absence）である。プレゼンツはアプゼンツに変様し、これに応じて現前性は非現前性に変様する。

以上の解釈をハイデガーは次のようにまとめる。

存在理解の可能性は、存在するもの〔道具存在者〕との交渉を可能にすることとしての現在〔現在化〕

が、現在として、脱自態として、プレゼンツという地平をもっていることに存する。時間性一般は脱自的・地平的な自己投企そのものである。この自己投企にもとづいて現存在の超越が可能になる。現存在の根本構造、つまり世界内存在ないし気遣いはこの超越に根ざしている。（GA24, 443f.）

道具存在者との交渉の時間性＝道具存在の理解を可能にする時間性＝現在化
＝道具存在者をプレゼンツという地平的図式へと投企
↓道具存在者は、プレゼンツにもとづいて、現前するものとして、現前性に向かって理解される

道具存在のこうした解釈がいささか形式的で強引だという印象はまぬかれない。この延長上に、ハイデガーは、客体存在についても、数学的真理のような全時間的ないし超時間的に――通常の理解からすれば永遠に――存在するものの存在についても、テンポラールな解釈を思いめぐらしていたと推測できる。道具存在だけでなく存在論のすべての文（命題）はテンポラールな文である（GA24, 460）。ライプニッツのいう必然的で永遠に真である理性の真理（永遠の真理）もテンポラールな文である。これ

は、フッサールが懸念したような、事実の真理と理性の真理との混同ではない。

これに応じて、現存在の時間性ないしテンポラリテートによって「時間と存在」という問題に新たに接近したこの講義は、終わり近くで、存在することと存在者との存在論上の差異（存在論的差異）についても、時間性の時間化において時間化すると述べていた。「存在論の問題系一般を形成する中心は、現存在の時間性を、しかもこの時間性のテンポラールな機能をきわだたせることにある」（GA24, 465）。本書で繰り返してきたとおり、存在するという事象を存在を理解する現存在（時間性）に相関させる態度は『存在と時間』の根本姿勢であった。現存在が存在するかぎりでのみ、すなわち存在理解の可能性が存在するかぎりでのみ、存在することは〈あり〉、「存在することは時間から理解され概念的に把握される」（GA24, 389）のである。

三　存在を理解する現存在の無限性

本章の最後に、二〇年代後半における〈存在と時間〉という問題設定、ないし「時間と存在」（存在のテンポラールな解釈）の特徴を、現存在の存在論上の無限性に着眼して、あらためて浮き彫りにする。存在はそれを理解する現存在から出発してのみあばき出されるという根本洞察は、次のように換言されている。

存在者は経験や知識や把捉から独立して存在する。…ところで存在するということは、その存在に存在理解のようなものが属する当の存在者の理解作用のうちにのみ〈ある〉。（SZ, 183）

そこの食卓は私が使うかどうかに関係なく存在する。窓越しに見える三日月は私が見ているから光を放っているわけではない。職人たちが食卓を製造する場合にも、食卓を無から創造することはできず、木材や金具は彼らから独立して存在する。たとえ、巨大隕石の衝突によって人類が滅亡したとしても、太陽は地上に光と熱をもたらすであろう。人間は存在者を創造しない。

しかし、それらが「存在する」ということ自体は、「存在する」ということを理解し立ち現れさせ開示する現存在なしには、与えられない。そもそも、存在の意味を解明するとは、存在することの背後にひそむ何かを取り出すことではなく、現存在の理解可能性のうちに収まるかぎりでの存在することを問うことである。存在することや真理は、現存在が存在することに相関している。〈存在と時間〉とは、したがって「存在することは時間から理解され概念的に把握される」という文は、存在するという事象が現存在（時間性）に依存していることを暗示する定式である。

〈存在と時間〉ないし「時間と存在」という視点から行われた、カントの主著『純粋理性批判』（一七八一年）の大胆な解釈によれば、同書の超越論的構想力は脱自的時間性であり、有限性と無限性をあわせもっている。一方で、人間の直観は、神の認識が知性的根源的直観であって直観される存在者そのものを創造するのに対して、既に存在しているものを直観するから感性的派生的直観であり、有限である。他方で、超越論的構想力は、今の連続という時間地平（通俗的時間）を対象性（客体存在）認知の地平として形成する。したがって、超越論的構想力は「存在論的にのみ創造的である」（GA25, 417）。根源的時間性は、神のように対象を産出するという意味においてではなく、存在を認知する地平である時間に関してのみ根源的、無限的であり、創造的である。このように、存在理解を手がかりに解釈学的循環に跳び込んで存在の意味を解明しようとするハイデガーは、現存在による存在論的創造にさえ踏み込んだ。

さて、一九三〇年の中頃『存在と時間』第三版への序言が執筆され、それによれば、第三版は第一部第一篇と第二篇の書き直しと第三篇を含む予定であった。しかし、三一年に発行された第三版は変更がなく序言も添えられなかった。この年の一一月、マールブルク時代以来の友人でプロテスタント神学者のブルトマンに宛てて、「この間、私は「後半部」を書いているふりをしています」[27]と記した。『存在と時間』の完成をついに断念したということである。前半部公表の五年後の一九三二年九月には、後半部を書いているという噂を否定している。「『存在と時間』前半部はかつて私にとってどこかへ導いた一つの道でしたが、この道はいまではもう歩かれておらず、草木で覆われているので、私はもう『存在と時間』後半部をけっして書きません。そもそも私は本を書かないのです」[28]。実際、その後、生前に出版されたのは講義録や、講演と短い論文を集めた書物だけであった。

三一年以降に試みられるのは、『存在と時間』の書き換えや後半部の執筆ではなく、〈存在と時間〉という問題設定へのあらたな接近であり、これと一体になった『存在と時間』既刊部の自己解釈である。そこでは存在理解を手がかりにする態度は改められるにいたる。「人間は、存在者そのものを創造するという点で無限で絶対的なわけではけっしてないが、存在を理解するという意味で無限である」（GA3, 280）という、現存在の高らかな自律宣言は一九三〇年代後半に再考を迫られ、存在することについての思考は大きく変容する。

第八章　ナチズム参与という決断

三〇年代後半のこの変容について論じる前に、神に近づかんばかりに見えかねない有限にして無限な現存在が一九三三年のドイツという状況のなかへ跳び込んだ主体的決断に言及しないわけにはいかない（一）。この年は、運命にして共同運命の年である。それは、『存在と時間』の「状況のなかで出会うものに向かっての脱自」としての決断であり（二）、その失敗は、父祖伝来の宗教であるカトリックへの離反とならんで、やがてハイデガーの「肉に刺さった棘《とげ》」となる（三）。

一　国家社会主義革命とドイツの現存在の完璧な変革

『存在と時間』が電撃的な反響を巻き起こし後半部の刊行が待たれていた時期に、大恐慌が到来した。一九二九年一月にニューヨーク株式市場が大暴落したのをきっかけとして、世界経済が大不況の渦に呑み込まれ、ドイツ経済は壊滅的な打撃をこうむる。三二年には失業者が六〇〇万人に達した。こうしたなかで勢力を拡大したのが、ヒトラー率いる国家（国民）社会主義労働者党（ナチ党）である。彼は、アーリア人種（ここでは「純血ドイツ人」という幻想にほぼ等しい）の遺伝的優秀性と反ユダヤ主義・反民主主義・反共産主義を唱え、またドイツ民族の「生存圏」を東方に拡大するよう主張した。ナチ党は三二年七月には国会で第一党の地位を占める。ヒンデンブルク大統領は、三二年の大統領選では共和派などの支持でヒトラーを破って再選されたが、三三年一月、不況の深刻化と共産党を恐れた大企業や軍部に後押しされてヒトラーを首相に任命した。ここにナチ党政権が成立する。

ヒトラーは「国家（国民）革命」を開始すると叫んだ。国会を解散し同年三月の選挙で勝利したナチ党は新国会で全権委任法を可決させて一党独裁体制を確立し、画一化を推し進める。七月、ヒトラーは革命の終了を宣言する。一〇月にはドイツは軍縮会議と国際連盟から脱退し、ナチ党政権は翌月に国民投票と国会選挙を実施して九割を越える得票率で信を得た。ところが、翌三四年春に、三五〇万を数えるまでに急成長したナチ突撃隊が、社会主義的な「第二革命」による保守的権力集団（国防軍など）打倒を要求するようになったため、ヒトラーは、六月末に幕僚長レーム以下の突撃隊幹部やその他の政敵を何千人と殺害した。これがレーム事件である。ナチ政権は失業救済のために大規模事業を実施し、六〇〇万人の失業者は三五年一月には二九七万人、三九年一月には三〇万人に激減した。三五年一月のザール地方併合や、三六年三月のラインラント非武装地帯進駐によるヴェルサイユ条約破棄といった外交面での「成功」もあって、ヒトラーは多くの国民の支持を維持した。

その一方で、政権は国民の自由を抑圧しただけでなく、組織的なユダヤ人迫害を行った。三五年九月のニュルンベルク法によってユダヤ人の国籍を剥奪し、また強制的な国外移住やユダヤ系企業の接収も進めた。その後、ドイツは三九年三月のポーランド侵攻によって第二次世界大戦に突入し、四五年五月に連合国に無条件降伏した。大戦中にアウシュヴィッツ強制収容所などの絶滅収容所で大量殺戮されたユダヤ人たちは、推計では六〇〇万人に達する。

先まで記述してしまったが、一九三三年に戻って、ナチ党へのハイデガーの関与についてふれる。全権委任法が国会で可決された翌月の三三年四月にフライブルク大学学長に就任したメレンドルフは、社会民主党員だったためナチ党の攻撃を浴び、五日後に辞任の表明に追い込まれた。教授会が大多数の賛成でその後任に選んだのが四三歳の少壮教授ハイデガーである。ハイデガーの回想によると、メレンドルフは、ハイデガーが引き受けなければナチ党の幹部が学長に指名される危険があるという理由で、渋る彼を説得したという。ハイデガーは、まもなくナチ党に入党し、五月には突撃隊旗が掲げられるなかで学長就任式が催された。世界的な名声を博した『存在と時間』の著者が党員として学長になったことは政権にとっては喜ばしい出来事であった。

しかし、ハイデガーの学長就任は、大学をナチ党からまもるための消極的選択ではなかった。また時流に便乗する野心家の振舞いでもなく、かといってナチ党のイデオロギーや行動に対する諸手を挙げての賛同でもなかった。国家社会主義《ナチズム》に一つの可能性を見たということは、戦後にも悪びれずに認めている。既に一九三一／三二年の冬休みに、もともと非政治的だったはずのハイデガーは、ナチ党への期待を明言して学生たちを驚かせていた。悲惨な経済危機と政治的混沌に新しい秩序を生み出し共産主義革命を防ぐ力だと考えたからである。ヒンデンブルクが再選された三二年三月、四月の大統領選挙でもヒトラーに投票した。とはいえ、これらはありふれた政治談議のたぐいにすぎず、この年一二月にはナチ党の党員だという「デマ」を否定し、党員になることはけっしてないと断言していた（ブルトマン宛書簡）。ところが、学長就任とともに彼は政治状況のなかにみずからを投企する。「国家社会主義はすべての建設的で創造的な力を認め、受け入れてくれる」と信じた。三三年一〇月初めの冬学期開始にさいして、ハイデガー学長はドイツの学生たちに向かってこう呼びかけた。

国家社会主義革命は私たちドイツの現存在の完璧な変革をもたらす。…学説や「理念」が諸君の規則であってはならない。総統その人が、総統だけが今日と将来のドイツの現実にして掟である。…今後はあらゆる事柄が決断を要求し、あらゆる行為が責任を要求する。ハイル・ヒトラー！

（GA16, 184f.）

自己決断と自己責任にもとづくヒトラー総統への服従と革命への参加の訴えである。当時のハイデガーは、ヒトラーの国家社会主義革命によってドイツの現存在全体の変革を、さらにヒトラーをこえてまでドイツの大学の革命を望んだ。ナチ党の正統派は、彼が国家社会主義の生物学的人種主義にくみせず、反ユダヤ主義者ではなかったために、彼の国家社会主義に嫌疑をかけた。ヒトラーを支持するハイデガーの決断は党の綱領をはるかに凌駕するというのが、彼の弟子で痛烈な批判者となったユダヤ人哲学者レーヴィトの見立てである。[29] ハイデガーがいうには、「総統自身の言葉によれば、革命は終わり進化がそれにとって代わった。…しかし、ドイツの大学における革命は終わっていないばかりか、始まってさえいない」(GA16, 766)。新たな学生は、もはやただ学問する市民ではなく、同時に労働奉仕を行い、突撃隊か親衛隊に入り、野外スポーツをしなくてはならない……、というぐあいであった。国家の革命(Revolution)が終わったいま、進化(Evolution)に向かえ、というヒトラーの号令には、ハイデガーはレームたちと同様に納得できなかった。

二　政治的投企と『存在と時間』

この政治的投企(政治へと身を投じること)は、『存在と時間』の存在論と無縁ではない。ハイデガーは、脱自的時間性が自己に向かって、他者たちと共に、道具存在者のもとに存在するという超越を、したがってまた世界をも可能にしているゆえんを解明する〈存在と時間〉の哲学者だからである。

たとえば、学長就任講演『ドイツの大学の自己主張』(一九三三年)の根底にあるのは、現存在が存在者とかかわりつつ存在することについての思考である。ハイデガーは、「私たち自身はだれであるのか」というイタリックで強調された自己の存在についての問いを、また「私たちがあるべきものでみずからあること」という課題を提出し、それらにドイツの大学の自己主張という答えを差し出す。ドイツの大学の自己主張とは、みずからの本質への根源的で共同の意志、つまり、「国家のなかで自己自身を知る民族になるというドイツ民族の歴史的精神的負託への意志」（GA16, 108）である。学問とドイツの運命は、本質への意志のなかで一体になって力を手に入れなければならない。

そのためには、私たちの精神的・歴史的現存在の始原の力に服しなくてはならない。その最も偉大な始原はギリシャ哲学である。中世以来のキリスト教的・神学的世界解釈でも近代の数学的・技術的思考でもない。ギリシャの始原において、すべての学問は哲学であり、学問とは「みずからをたえず隠す存在者全体のただなかで問いつつ立ちつづけること」である。しかしそれは、過去の再興をはかる復古主義ではない。「始原は、とっくに過ぎ去ったものとして私たちの背後にあるのではなく、私たちの前方に立っている」。始原は私たちの将来のなかに入り込んでいる。キルケゴールによれば、本来の反復は過去の事象を後ろ向きに復元するのではなく前方つまり将来にむかって想起することであった。国家革命によるドイツの現存在全体の完璧な変革を要求し、ドイツ人は歴史的民族となると告げた別の演説でも、歴史的に存在するとは、知るという仕方で存在して「義務を課す過去の力を解き放ち過去の変容する偉大さをまもる」（GA16, 767f.）ことだと解説している。

これらは、『存在と時間』の「既在しつつ現在化する将来」という、あるいは〈反復し瞬視する先駆〉（本書第六章一）という本来的時間性の具体化である。遺産のなかから選び取った可能性を自己自身に伝承する本来的歴史性としての運命——時間性の具体化——が、学長就任という状況のなかで引き受けられている。いや、伝達と闘争のなかで民族の共同運命の力が解き放たれるという同書の分析（SZ, 384）のほうが、ヒトラーの政権獲得というこの文脈にいっそうふさわしいだろう。一九三六年、ローマに亡命していたレーヴィトが、この地を講演に訪れた師と最後に出会ったさい、国家社会主義への彼の参与はその哲学の本質に含まれていると述べたのに対して、ハイデガーは全面的に賛成し、自分の「歴史性の概念」が政治的脱自（出動）の基礎だと詳しく説明したという。[30]

『存在と時間』によれば、運命を引き受ける現存在は、「自分のそのつどの状況の世界歴史的なものを瞬視して存在する」（SZ, 391）。運命やとくに共同運命は、他者や物という存在者とのかかわりに無関心な哲学者という大方のハイデガー像の誤りを明示しているが、それだけでなく、著者が一九三三年のドイツという時代状況を瞬視して投企することを、著者自身も気づくことなく先取りしていた。

とはいえ、存在論は特定の政治的決断を導き出すわけではない。その点で、『存在と時間』との大きい違いもある。この書物は具体的決断については語らずに各人にゆだねたために、「私は決断しているが、ただ何を決断しているかがわからない」と皮肉られたが、いまやハイデガーはあるべき実存の仕方を限定する。ドイツの大学は、労働奉仕と国防奉仕（兵役）と知の奉仕によって一つの力に合一するときにのみかたちと力を得る以上、教師と学生の闘争共同体というドイツの大学の本質を意欲するのかしないのか、という二者択一を突きつける。もっとも、レーヴィトの別の文脈での別の皮肉によれば、学長就任講演は、最後に来ると、『ソクラテス以前の哲学者断片集』を読めばいいのかそれともナチ党の尖鋭である突撃隊と一緒に行進すべきなのか分からなくなるような、哲学と政治の混じりあった難解な代物であった。(31)

本来性と非本来性、自己自身であることとそうであらぬことという『存在と時間』の二つの存在様態が、ここでは民族の次元で語られている。そのうえ同書では、非本来性について低い存在度をあらわすわけではないと冷静に注意されていたのに、これらはいまでは偉大さと卑小さ、意志と力の大小という価値評価を受けている。三三年の一一月に行われた国際連盟脱退後の国民投票で学生たちに賛成投票を投じさせたときには、「〔ヒトラー〕総統はわが民族に最高の自由な決断の直接的可能性を、すなわち、民族が――民族全体が――みずからの現存在を意欲するか、それとも意欲しないかという決断を与えている」（GA16, 188）と迫っている。あたかも今ここで自分探しに成功したかのようである。

こうして、一九三三年の高揚期には、基礎的存在論としての現存在分析論、とりわけ歴史性・運命・共同運命といった実存カテゴリー（現存在の存在規定）を土台にして、大学革命とあいともなった国家革命を遂行することが目指されていた。存在論的創造という存在論の自律や、「人間の生は、自己自身をひたすら自己自身だけのうえに築き、信仰や宗教のたぐいなしに切り抜ける可能性をもつ」（GA18, 6）（二四年夏学期）という自負は、民族としての自己決定となる。決断・意欲・意志・力といった強い単語があふれるようにあらわれた。

学長に就任した三三年夏学期の講義は、「いまドイツ民族が通り抜けている歴史的瞬間の偉大さを大学の青年は知っている」という断定に始まる。哲学とは何かと自問しながら、ハイデガーは、「私たちの存在の掟と構造についての問い」だという暫定的な答えを示す。「私たち」とは、『存在と時間』とは異なって、それぞれの現存在である以上に、民族としての私たちである。私たちとはだれであるかという問いは、「この歴史とこの共同運命をもつこの民族は、その存在の根底においてだれであるのか」と言い換えられる。しかも、ただ問いについて語るのではなく、問いながら行動することを指示している。哲学とは、存在者の本質と存在とを獲得するための「問いかける不断の闘争」であり、ドイツ民族の歴史的瞬間に参入すること、問いつつ行動することなのである。

これはいわば、民族である（民族を存在する）ことを共同運命として意欲する〈力への意志〉（後期ニーチェの概念）である。歴史性は『存在と時間』において時間性の具体化であるから、この意志と決断はまさしく具体化された〈存在と時間〉であった。彼の政治的行動は、基礎的存在論に、歴史性と共同運命の哲学に、つまりは〈存在と時間〉に深く結びついていた。三三年において、〈存在と時間〉は、〈現存在は、民族という自己存在として、時代（Zeit 時間）を瞬視しつつ投企するという仕方で存在する〉というかたちをとっていた。

三　政治からの退却

しかし三四年四月にハイデガーは学長を辞した。在任期間は一年に満たなかった。戦後の彼は、バーデン州文部科学省が前学長で社会民主主義者の医学部長メレンドルフと法学部長との解任を要求したのにこれを拒絶したためだったと回顧しているが、今日では、一層の大学変革を志向するハイデガーの急進性が学内および文部科学省と相容れなかったからだと考えられている。

ハイデガーの戦後の釈明では、ヒトラーが民族全体に対する責任を負ったからにはすべてがまとまるだろうと信じていたが、三四年六月のレーム事件からこの信念の誤りを悟ったという。革命の継続を求める声をヒトラーが大規模な粛清によって封じ込めたからであろうか。いずれにせよ、国家社会主義《ナチズム》関与が「私の人生で最大の愚行だった」[32]ことに気づいたハイデガーは、政治の舞台から去って、三五年にはふたたび哲学に専心する。この年の七月には、「出自の信仰と学長職の失敗」が二つの棘だとヤスパース宛の手紙のなかで告白している。使徒パウロは、新約聖書「コリントの信徒への手紙二」のなかで、自分の体に刺さった一つの棘についてふれ、「思い上がらないように、私を痛めつけるために、サタンから送られた使いです」と記した。パウロの棘が何かについては諸説あるが、とにかく終生彼を苦しめたもののことである。それと同じように、自分を育んだカトリック信仰の放棄とならんで、国家社会主義への積極的参加が第二次世界大戦の開戦前からハイデガーを痛めつづけた。

政治からの退却と並行して、民族であることを歴史性つまりは時間性にもとづいて意欲する力への意志は、この〈存在と時間〉は、自己自身による批判にさらされる。一九三六／三七年冬学期から四〇年第二学期にかけて五度にわたっておこなわれた一連のニーチェ講義は、当初はニーチェに寄りそって『存在と時間』と〈力への意志〉とを半ば重ねるような解釈であったが、まもなく力への意志の形而上学との真っ向からの対決という様相を呈するようになる。それは、ナチ党のイデオロギーとして利用されたニーチェ哲学との格闘であると同時に、ドイツ民族であること、ドイツ民族として存在することを意欲し決断することをもとめた三三年の自分自身への批判でもあった。

第九章 『存在と時間』をみずから解釈する

政治から退いて哲学に復帰した三〇年代後半から、ハイデガーは西洋の近・現代という時代を省察しながら存在することの思考を模索し、そのなかで〈存在と時間〉について再考する。現存在の存在理解を手がかりとして存在することを解明する方途は放棄され（一、二）、解釈学的循環への跳び込みからは存在することとの受動的な関係を強調する転回の思考へと移行し（三）、『存在と時間』は新たな視点から解釈されるようになる（四）。

一 『存在と時間』後半部の断念

『存在と時間』によって「突如として世界的名声が現れた」（ガーダマー）が、これは実存哲学（実存主義）、人間学、倫理学などとしてとらえるもので、著者にとっては現存在についての誤解の山（GA69, 9）にすぎなかった。ハイデガーは、第一部第三篇「時間と存在」を公表していればこれほど誤解されることもなかっただろうと悔やみもした。たしかに、現存在の存在を可能にしている時間性が道具存在や客体存在の理解をも可能にするテンポラリテートとして機能するゆえんを解明すれば、読者は人間学や実存哲学の著作ではないことに気づいただろう。

だが、過去の事実を変えることはできない。ハイデガーは執筆した「時間と存在」を公表しなかったし、できなかった。二七年夏学期講義「現象学の根本諸問題」やその他の新たな仕上げも、思いどおりの成果を上げられなかった。晩年にも、「著者は当時、「時間と存在」という表題で名づけられた主題を十分に仕上げられなかった」(GA14, 103) と認めている。五三年発行の『存在と時間』第七版から付されたまえがきには、次のように記された。

これまでの版で付け加えられていた「前半部」という特徴づけは削除されている。後半部は、四半世紀を経たいまとなっては、前半部を新たに叙述しなおすのでなければ、もはや書きつなげることができない。しかしながら、存在することについての問いが私たちの現存在をゆり動かすべきだとすれば、前半部が歩んだ道は今日でもなお依然として一つの必然の道である。(SZ, V)

『存在と時間』最終節で提出したいくつもの問い(本書第六章四)に、みずから答えるかのような文章である。敷衍《ふえん》してみよう。『存在と時間』は、第一節で「存在することについての問いをあからさまに反復する必然性」を説いた。必然性とは物理的な必然性ではなく、ぜひそうしなくてはならない、必須だという意味である。この必然性に応じて叙述された前半部、第一部第一篇と第二篇は、たんなる一つの道であって、唯一無二の決定的な道そのものではなかった。そのまま進みつづけても存在の問いに答えるという目標に達することはできない。現存在が存在することの意味である脱自的時間性は存在が解明される地平ではない。その道は深い森のなかに迷い込み、途絶した。しかしその道をなかば近くまで進み、その道が途切れたからこそ、別の道を歩くこともできる。

「時間と存在」を仕上げられなかったという過去の事実は変えられないが、その事実に向き合いその失敗から可能性を引き出すこと、『存在と時間』の言葉を借りれば反復ないし解体することはできる。主著の出版から二六年たった現在もなお、第一部第一篇と第二篇の道は必然の、必須の道程であり、それを反復しそこから可能性を汲み取らなくてはならない。著者はこの書物に対して自己解釈を繰り返し行うことになる。それは、過去をそのまま掘り出して陳列する作業ではなく、既在している可能性を浮き立たせる試みである。『存在と時間』を解体するさいの的は存在理解という手がかりにある。

二　存在理解という手がかりの放棄

『存在と時間』は、現存在の存在理解を手がかりにして存在するという事象を明らかにしようとする著作であった。何度も引用したように、「現存在が存在するかぎりにおいてのみ、存在することは〈ある〉」。現存在とは、つまり現を存在するとは、自分が存在を理解するかぎりで、存在が明るむ場を存在することであった。ところが、存在理解を手がかりにするという方途と『存在と時間』の挫折とは切り離せない。第二次世界大戦突入直前に始まった三九年夏学期講義のなかで、『存在と時間』のねらいと反省がさりげなく語られている。

人間は他者や物や自己自身にかかわるものだということを根本に据えるあのいっそう豊かなやり方も、もしも、こうしたすべてに先立って、他者や物や自己自身に対する単純でしかも多様なかかわりが一般に根ざしている根拠を指示しているあのものが指示されていないとすれば、あいかわらず表面的なものの域を出ない（この根拠は『存在と時間』によれば存在理解であるが、そのようにとらえられた〔存在理解という〕この根拠は、根拠を突き止めるうえで究極のものではなく最初のものである）。（GA47, 172f. 強調は引用者）

人間は、デカルトの「考える私」のように世界を欠いても存在する主観ではなく、他者や物や自己にかかわって存在している。この捉え方は適切である。しかしその場合でも、たいていは、人間を孤立した存在者としてとらえたあとで、二次的に他者や物と関係すると考える。私はまず一人の人間であり、そのうえで、他人や動物や物と何らかの仕方でかかわっている、というわけである。これに比べて、人間の本質のなかに他者や物や自己とのかかわりが刻み込まれているということから着手するのはもっと豊かなやり方である。初期フライブルク時代のハイデガーが生の世界を環境世界・共世界・自己世界からなるものとして考えたのも、その一つであろう。
しかし、それだけでは不十分であり、自己や他者や物とのかかわりを可能にしている根拠を問わなくてはならない。『存在と時間』が行ったこと、行おうとしたことは、その根拠を存在理解に見出し、時間性、テンポラリテートが存在理解を可能にする次第を概念的に把握することであった。次の文章を三たび引用する。

時間の脱自的性格が、現存在に特有な踏み越えの性格を、つまり〔自己に向かって、他者たちと共に、道具存在者のもとに存在するという〕超越を、したがってまた世界をも可能にしている。

脱自的時間性こそが、テンポラリテートとして、種々の存在者の存在理解を可能にし、したがって、世界への超越を、つまりは現存在が自己や他者や物とかかわりつつ存在することを可能にしているという趣旨である。二七年夏学期講義のこの文と三九年夏学期講義からの先の引用文とは見事に照応している。若き日にブレンターノを介してアリストテレスから学びとった「存在者が多様な意義で語られるとすれば、主導的な根本意義はどれなのか。存在とは何を意味するのか」という問いは、テンポラリテートとしての時間によって答えられるはずであった（本書一八―一九ページ、第七章二）。
だが、存在理解を手がかりにして存在をとらえ、人間ないし現存在が自分や自分以外の存在者にかかわる根拠を解明するという『存在と時間』の仕事は、存在することという根拠に到達するための最初のやり方にすぎなかった。もはや、存在理解を手がかりにし、現存在の存在の意味である時間性を根底にすえて存在することを明るみに出し、これによって人間が存在者にかかわるゆえんを根拠づけるという方途を歩むことはできない。

それでは、(1) 存在理解から出発する道はなぜ歩みきれなかったのだろうか。なぜ『存在と時間』は未完に終わったのだろうか。(2) 存在者にかかわる根拠は、存在理解ないし時間性ではないとすれば、何なのだろうか。この節では(1)の、次の節では(2)の問いを考える。

三九年夏学期の次には、ナチス・ドイツが国民を総動員して第二次世界大戦を戦っているさなかの四〇年第二学期に、「ニーチェ――ヨーロッパのニヒリズム」が講じられた。それによると、人間の本質を現-存在として特徴づける『存在と時間』の試みは、出版後一三年経っても最初の理解を得ることにすら成功していない。これは、人間を主観・主体として思考し、人間の本質の省察を人間学として理解するという近代の思考が根深いためである。しかしそれだけでなく、その試み自身が従来の形而上学の軌道に連れ戻されたためでもある。第一部第三篇を前にして途絶したのは、それが歩んだ道と試みが「意に反してあらためて主観性をただ強化するだけのものになるという危険に陥った」（GA48, 261）からである。

『存在と時間』では、現存在、世界内存在、基礎的存在論という用語を使い、主観性、形而上学、人間学という言葉は注意深く回避されていた。それにもかかわらず、『存在と時間』を出版してまもないハイデガー自身が、形而上学や主観性という言葉を、前面に押し出した。『カントと形而上学の問題』（一九二九年）では、基礎的存在論は、主観性の根本構造を時間性に見出す現存在の形而上学（GA3, 231）であった。もちろん、いくつかの単語を肯定的に使ったことだけが問題ではない。そもそも、存在するという事象に現存在の存在理解を手がかりにして接近したことが、『存在と時間』を主観主義の危険に追い込んだ。現存在の存在論的無限性を掲げて存在論的創造にまで踏み込んだように、存在することと人間の存在理解を相関させたのは、主観性からの不十分な離脱の試みであった。

　こういう率直な自己理解は、国家社会主義《ナチズム》に対する批判でもありうる。三八／三九年にひそかに執筆された手記によれば、『存在と時間』の存在することの問いは理解されなかったし、現-存在はあいも変わらず主体・主観と誤解されている。それどころか、『存在と時間』の個別的主体を民族という主体に置き換えなければならないというこっけいな要求が生まれた。そういう要求を掲げている人々をハイデガーは「哀れなやつら！」と呼ぶ（GA66, 144）。しかし、民族であることを意欲する〈力への意志〉を要求したのは五年ほど前の彼自身であった。

　そもそもニーチェ解釈は、国家社会主義とそれを一つの絶頂とする近・現代の動向に対する省察であった。それによれば、近代の主観性の最終形態である力への意志は存在者を、力を保存・上昇させる条件であるかぎり価値として高く評価するが、それが存在することそのことを思考しない。力への意志にとって価値ある存在者だけが存在を認められるのであって、存在することそのことが尊重されるのではない。存在すること自体はどうでもよいこと、ニヒル（無）になってしまう。これは存在が忘却される歴史である形而上学の完成、ニヒリズムの運動の完成である。

ハイデガーの挙げない例でこれを説明しよう。①ある軍人は、国力増強に資するかぎりで高い価値を認められ、そうでない場合は価値の低いもの、価値のないものとしておとしめられる。アウシュヴィッツなどの強制収容所ないし絶滅収容所に収容されて殺害されたのは、ユダヤ人や反ナチ党分子、同性愛者、被占領国国民など、ドイツ民族の力の上昇を阻害すると位置づけられ、価値のないものと判定された人々であった。収容所では、死者の衣服や所持品はもちろん、毛髪や金歯などまで利用された。これらは価値あるものだったからである。②戦争のない時代にも、たとえば市場競争の激しい場所では、同様の事態が起こる。ある会社にとって人材を発掘し育てることは会社の浮沈を左右する。優秀な社員は価値あるものとして存在を評価され、そうでない人物は窓際や社外に追いやられる。そのひとが存在すること自体が尊いのではなく、会社の力を保存上昇させるかぎりでほめたたえられる。③ある親たちはよい属性（成績がよいとか素直だとか）をもち親自身の力を高めるかぎりでのみ子どもの存在を承認する。

このように、存在することを無《ニヒル》として扱うのがニヒリズムである。『存在と時間』の道具存在という存在理解にも、その傾向がなかったとは断言できない。

三　循環から転回へ

『存在と時間』は、現存在の存在理解を手がかりにして、解釈学的循環に跳び込んだ。解釈は、現存在が先行理解ないし先入見を携えて事象に接近し、事象からその先入見の不十分さを指摘されてそれを修正するというプロセスを経て成立するから、解釈の結果には先入見が何らかの仕方で戻ってこざるをえない。これが解釈学的循環である（本書三〇―三一ページ）。「現存在が存在するかぎりでのみ、すなわち存在理解の可能性が存在するかぎりでのみ、存在することは〈ある〉」という文は、解釈学という方法の選択と密接に結びついていた。これは、あらゆる先入見を排除し世界なしにも存在する近代の主観性に反旗を翻すものであったが、それでいて主観性の遺産を受け継いでもいた。存在するということを、解釈学的循環への跳び込みによって、現存在ないし人間の存在理解に収まるかぎりでの存在として、つまり存在の意味としてとらえるからである。

そこで、存在することをめぐるハイデガーの哲学は、三六年以後、解釈学的循環への跳び込みを放棄する。こののち問われるのは存在の意味ではなく、存在することの真理（ないし存在すること）[33]である。存在することの意味を問う解釈学的循環の存在論は、存在の真理に接近する転回の思考となる。存在の真理（ないし存在すること）は転回という構造をもち、これは次の(1)と(2)のかかわりをさす。

(1) 存在することはそれ自身のうちで現-存在を根拠づける。

(2) 現-存在は存在することを根拠づける。

人間は、存在者を追い回すばかりで存在するということそのことを問わない。しかし、存在することの真理をもとめそしてまもるとき、すなわち存在することの明るむ場〔現〕のうちに立つとき、人間は現-存在に変化する。

(1) 将来におけるこの変化は人間の自己決定によるものではない。人間という存在者を存在させている当の存在することにもとづく。現-存在は存在することによって根拠づけられ、存在者であらしめられている。この根拠づけは、「存在することの〔人間への〕呼びかけ」とも形容されている。これは『存在と時間』の被投性を、また良心の呼びかけを大きく変形して強調したものである。

(2) その一方で、右の根拠づけは現-存在がそれとして受けとることを必要とする。人間は、存在することという根拠を根拠であらしめなくてはならない。思考が存在することによる根拠づけに応えて存在の真理のなかに跳躍することによってようやく、存在することの真理が立ち現れる。この根拠づけは『存在と時間』でいえば投企である。人間は「存在することの羊飼い」だという隠喩が使われる。

ただし、存在することと、現-存在ないし人間という、二つのものがまずそれとして存在し、次に両者が相互依存的な関係を結ぶことが転回だというわけではない。(1)と(2)の反転関係、つまり存在することと人間との転回を介してはじめて、存在することは存在することとして生起し、人間は現-存在となる。「存在すること自身が〔存在することと人間との〕かかわりである」(GA9, 332)。(1)は(2)に先行しずっと重いが、(1)と(2)はあくまで一体である。前節でふれたように、「他者や物や自己自身に対する単純でしかも多様なかかわりが一般に根ざしている根拠」は『存在と時間』では存在理解だったが、これは最初のものにすぎず究極のものではない。それが何であるかは、三九年夏学期講義では明示されていなかった。存在することと人間との転回こそがその究極の根拠である。

振り返れば、存在することと人間との関係は、存在理解を手がかりにする『存在と時間』においては、(2)の契機が強調されるだけで(1)の側面は注目されておらず、したがって(1)と(2)の切り分けられない関係は解釈学的循環というかたちをとっていた。存在することも真理も現存在が存在することに依存していた。だからこそ、解釈学的循環に跳び込み、さらには存在論的創造にまで踏み込むことができた。これに対して、転回というこの一体の出来事にてらせば、自分やその他の存在者が存在するということを人間が忘れているというニヒリズムは、人間の手抜かりや怠慢だけに帰することはできない。ハイデガーによれば、人間が存在を忘れているのは、存在することがみずからを隠しているからである。

ハイデガーの思考の構造をきわめて図式化して表現すると、循環から転回への移行に伴い、現存在と存在との相関関係は現存在の優位から存在の優位へと転換し、投企（理解）よりも被投性が重視されるにいたった。とはいえ、人間は、「存在することの羊飼い」として、相変わらず、動物などの人間以外の存在者にくらべて傑出している。

循環＝人間が存在することを理解し、それをもとに存在することの意味があらわになる
転回＝存在することが人間を根拠づけ、人間はこれに呼応して存在することを思考する

四　『存在と時間』の基本概念の自己解釈

存在理解への依拠にもひそむ主観主義の危険を鋭敏に察知し、循環から転回へと移行して、現存在と存在することとの関係が後者の優位に転換するとき、『存在と時間』の基本概念は新たな解釈を施される。①現存在、②〈存在と時間〉、③実存と世界内存在、基礎的存在論、④本来性と非本来性、⑤気遣い、⑥被投性、ないし現存在が存在することの根拠について、ハイデガーによる自己解釈を一瞥したい。

①『存在と時間』では、あらゆる存在者のなかで人間だけが存在を理解するがゆえに、人間は現存在ないし現-存在という用語を与えられた。ところが、存在理解が存在することに導く糸でないことに気づいてからは、現-存在の「現」は、転回の生起する場という意味での存在の明るむ場ないし存在の真理となる。これとともに、「現存在が存在するかぎりにおいてのみ、存在することは〈ある〉」という文は、「存在の明るむ場が出来《しゅったい》するかぎりにおいてのみ、存在することはみずからに固有なもの

を人間にゆだねる」という意味に解される。

②存在理解は最初の手がかりでしかないから、存在のテンポラールな解釈というやり方はうまくいかなかった。存在することは時間から理解されることができない。一九三九／四〇年の論考では、『存在と時間』の時間性について「存在することの真理のファースト・ネーム」（GA69, 95）と呼んでいる。存在することの真理という本格的な名前にいたる前段階だったということである。六二年の書簡では、脱自的・地平的時間性は、存在の問いにふさわしいものとして求められる、時間の最も固有なものではないと明言した（GA11, 147）。

③現存在の根本構造として取り出された世界内存在の「世界」も、存在の明るむ場として解釈される。実存（Existenz）は存在の明るむ場へと立ち出ること（Ek-sistenz　脱存）である。存在論という用語も、克服されるべき形而上学の別名として、いわばネガティブに用いられるようになる。存在すること一般の意味を明らかにする普遍的存在論のための経路としての基礎的存在論は、存在論の基礎・根底を問い直す〈存在することの真理の思考〉だったと語られる。存在論の根拠を転回に見出す途上にあったという解釈だろう。

④本来性は自分に最も固有な存在（実存）に明確にかかわることであり、非本来性とは存在者を追いかけるだけで自分が存在するということを忘れていることであった。どちらも実存し、現を存在する仕方であった。ところが、現が〈存在することとそのことの明るむ場〉になるのに応じて、本来性とは

存在とその明るむ場に帰属して現-存在することであり、非本来性とは存在者のみを追求して存在することの真理を問おうとしないことである。自分自身の存在という限定は外される。

⑤気遣いも、かつては道具存在者への配慮的気遣いと他者への顧慮的気遣いに分岐していたのに、いまや人間が「存在の羊飼い」であること、つまり存在することの真理を守ることを指すのだという。これも、存在することの明るむ場へと立ち出でること、存在することを根拠づけることと同じである。

しかし、これをもって、存在者へのかかわりはすべて非本来的で、存在することの真理に身を閉ざすことだと考えてはならない。前節で述べたように、存在することは、あるいは存在と人間とのあいだの転回の関係は、他者や物や自己自身という存在者とのかかわりの根拠である。『存在と時間』であれ、三〇年代後半以降であれ、存在することの思考こそが人間を存在者とのかかわりへと連れ戻す。存在者をありのままの存在者であらしめ、自己を物のもとに存在し他者たちと共に存在することへと突き当たらせる。

⑥こうして、人間は存在者の支配者、主体・主観であるどころか、存在することに仕える羊飼いである。これに応じて、『存在と時間』で、現存在が存在し存在しなくてはならないという事実、被投性について、自分がどこから来たのか、どこへ行くのかは闇に包まれていると述べられていたのが、もっと踏み込んだ発言に変わる。存在者の根拠は存在することにある。したがって現-存在を投げているのは、つまりいま地上のこの場所に生きるようにさせているのは、存在することなのである。

人間はむしろ、存在することそのことによって存在することの真理のなかへと「投げられて」おり、このように脱存しながら、存在することの真理をまもる。それによって、存在者が、存在することの光のなかでありのままの存在者として現れるように。（GA9, 330 強調は引用者）

最後に大事な点を付け加えたい。右のように存在者の根拠は存在することであるが、しかし存在することそのことに根拠はない。存在するということそのことは根拠なき深淵であり、理由も目的ももたない。この地上にいま私や他者や物が存在するという驚くべき事実については、存在するから存在すると言うほかはない。これは『存在と時間』の被投性概念の徹底化である。

以上のように、『存在と時間』の入り組んだ諸概念は、きわめてシンプルに図式化され、まるごと、〈存在者を追いかけることを放棄し、他者や物や自己という存在者がありのままの存在者として現れるように、存在することに根拠づけられながら存在することの真理を思考する〉という一事に帰することになる。これらは、いかにも強引ではあるが、たんに恣意的な解釈としてしりぞけることはできない。ハイデガーが手探りで進んでいる新しい境地を示すと同時に、『存在と時間』の隠れたねらいを、ことによると当時の著者にも隠されていたねらいをも明らかにしていよう。書物を読むということは、そのなかにひそむ可能性を引き出すことである。

あとがき

『存在と時間』が執筆され刊行されたマールブルク時代のハイデガーの教え子の一人で当時密かな恋愛関係にあったアーレントは、第二次世界大戦が終わって十年後の一九五五年に次のように書きとめている。

注解者には三種類がある。⑴著者が考えたことを本当に知ろうとし、世界には何の関心ももたない者。⑵伝統を復興しようとする者。⑶ハイデガーのように、過去のものという新しい空間に赴いてすべてを新しい目で見る者。

この三類型は、『存在と時間』の注解に結びつけて説明すればこうである。⑴世界とのかかわり、自己や他者や物という存在者とのかかわりには無関係に、『存在と時間』でハイデガーが書いたことを手際よくまとめ再現する者。⑵アーレントによれば過去を再興しようとする政治家、復古主義者である。⑶『存在と時間』を新たな目で読み取りそこから可能性を引き出す者。反復または解体の態度である。

アーレントがよしとするのは⑶の注解者である。彼女は、ハイデガーの講義や演習に魅せられただけに、「〔アリストテレスに関する〕ハイデガーの講義では〔生ないし存在という〕事象が私たちに迫ってくるので、ハイデガーが自分のことを話しているのかアリストテレスのことを話しているのか、私たちは分からなくなった」（ガーダマー）という体験を、多くの学生たちと共有したことだろう。ユダヤ人であるためにフランスへ、そしてアメリカへ亡命したアーレントは、戦後出版されたハイデガーの書物――そのほとんどは哲学書や詩を読解ないし注解するという形式をとっている――を熟読していたから、そこにも(3)の注解の特徴を見出したにちがいない。(3)の類型にとって重要なのは、著者が何を述べたかではなく、事象そのものをあらわにするという志向にもとづいて、著作に既在している可能性を新たに汲み出すことである。

もちろん、この小冊の場合、もともと概説書と銘打っているから、(1)の注解であることが求められる。ハイデガーが何を語ろうとしたか、『存在と時間』という本が何をどのようにあらわにしようとしたかをコンパクトに紹介するのが本書の役割である。私自身、そのようにつとめたつもりである。しかし、そうだとしても解釈学的循環をまぬかれることはできない。何らかの先入見なしに理解し解釈することは不可能で、解釈した結果には先入見が戻ってくる。先行理解を伴って循環のなかに跳び込む必要を説いたのは、ほかならぬ『存在と時間』である。〈本当の『存在と時間』〉を忠実に再現しようとどれほど力を注いだとしても、ただの縮小コピーにはなりようがない。第三の注解者にはなれないにせよ、この書物について第一の注解者であろうとすることは矛盾をふくむ。

亡命したアーレントは世界への愛を説く公共性の政治哲学者となった。世界への愛と「世界」への頽落ではなんと対照的なことだろう。ほかの解釈者たちと同じくアーレントも、ハイデガーにおいて公共性が積極的位置を占めないことを強調している。

だが、本文で私が概説した事柄は、『存在と時間』の語ろうとしたことは、誕生と死のあいだをそのつど存在している自己がこの世界を、さまざまな存在者の存在する地上を、あるいは根拠なく存在するということを愛することだった、と要約できるかもしれない。愛という手垢にまみれた言葉はこの書物には一度も出てこないが。『存在と時間』のねらいは、死すべき人間の脱自的時間性が、人間に特有な踏み越えの性格を、つまり自己に向かって、他者たちと共に、物のもとに存在するという超越を、したがってまた世界への超越を可能にしていることを見えるようにすることにあった。国家と大学の革命を夢見てナチズムに積極的に関与するという過ちを犯すことになったのもそのためである。世界に何の関心ももたない『存在と時間』の注解はこの書物への裏切りであろう。

末筆ながら、本書を執筆する機会を与えてくださった本シリーズ編集委員の木田元先生、池田善昭先生、三島憲一先生、晃洋書房編集部の井上芳郎氏、そして、たまたまこの地上でいあわせることになった人々にお礼を申し上げる。妻と二人の息子にも。

二〇一一年五月

後藤嘉也

注

（1）M・ハイデガー『ハイデッガー カッセル講演』所収、後藤嘉也訳、平凡社（平凡社ライブラリー）、二〇〇六年、一七三ページ。

（2）前掲書、一七七ページ。訳文を一部変更した。

（3）「カッセル講演」のなかで、ハイデガーはディルタイについて次のように言及した。「彼は楽々と仕事をこなすようなタイプの研究者ではなかったので、少なくとも学士院の圧力で無理強いされなければ多くのものを公表することはけっしてなかったことでしょう」（前掲書、五七ページ）。文部科学省からハイデガーに圧力がかかる前年であり、奇妙な暗合というべきだろうか。おそらくただの偶然ではなく、自分の気質をよく知る者の発言である。

（4）者という漢字は多くの場合ひとを指すが、ものにも用いられる。本書では、存在者という言葉は、人間以外の生物にも無生物にも、つまり存在するものすべてに使う。雲雀は存在し、その羽根は存在する。髪の毛も石ころも空気も彗星も存在する。これらはすべて存在するもの、存在者である。神や仏や霊魂も、もし存在するとすれば、存在者である。論理学の法則や数学の真理も存在者である。紛らわしいかもしれないが、本書では、存在するものと存在者とを、また存在すること（あること）と存在とを併用する。

（5）E・レヴィナス『神・死・時間』合田正人訳、法政大学出版局、一九九四年、六〇ページ。訳文を一部変更した。ちなみに、存在するという動詞が他動詞であるという指摘は、初期フライブルク時代の一九二三年夏学期の講義にさかのぼる。「存在すること――他動詞的。事実的な生を存在すること！」（GA63, 7）。
（6）『存在と時間』では、存在（すること）をそれとして論じる水準にあることは ontologisch（存在論上の、存在論的な）、まだ存在を論じる水準に達しておらず存在者にかかわるという水準にあることは ontisch（オンティシュ）という形容詞で表現される。この区別に対応して、実存という存在を論じる水準にあることは existenzial（実存論上の、実存論的な）という、実存について存在論の視点から接近するのではなくたんに実存するという水準にあることは existenziell（実存的な）という形容詞が与えられる。二組の形容詞の対応関係は次のとおりである。

①　ontologisch- existenzial　存在論上の-実存論的な
②　ontisch- existenziell　存在者の水準の-実存の水準の（実存的な）

（7）アリストテレス『形而上学 上』出隆訳、岩波書店（岩波文庫）、一九九二年、一一二ページ。
（8）テンポラリテート（Temporalität）はラテン語系の単語で、日本語に直訳すると時間性である。これでは現存在の存在の意味である時間性（Zeitlichkeit ゲルマン語系の単語）と日本語で区別がつかないので、片仮名で表記する。とき性、時節性などの訳語がある。
（9）配慮という日本語は通常その相手として人間を想定するし、配慮的気遣い（Besorgen）という言葉は生硬にすぎるが、他者とのかかわりを導くあり方を指す顧慮的気遣い（Fürsorge）、現存在の存在である気遣い（Sorge）との関連を意識した訳語として許容されたい（本書五一ページを参照）。
（10）『存在と時間』では人間以外の存在者は道具存在者であり、生物と無生物の違いが語られることはない。人間が製作した道具存在者だけでなく、自然そのものも、「森は営林地、山は石切り場、河は水力、風は「帆にはらむ」風」（SZ, 70）として、道具存在者の指示関連のなかに組み込まれている。ただし、一九二九／三〇年冬学期講義では、人間と有機体（とくに動物）と物質について、世界とのかかわりの相違が論究されている。
（11）日本語の他者ないし他人は、自分以外の人間を指すとは限らない。「兄弟は他人の始まり」という古めかしい諺が教えるように、他人という単語は第一に家族あるいは親族ではない人、血のつながっていない人を意味する。

『広辞苑』第六版は、①血筋のつながらない人、親族でない人、②自分以外の人、等と説明している。現代の日本人でも、家族を「他人」「他者」と呼ぶことに抵抗を感じる人は少なくなく、それらの人々は自分以外の人間を総称する言葉をもたないであろう。そのうえ、血がつながっていないはずの配偶者や友人も、多くの場合他人とは呼ばれない。自分と身内と他人という三区分だろうか。しかし哲学では、他者ないし他人という語は自分以外の人を（転用としては自分自身をも）意味する。他人という語の用法のこの相違は、私たちの共存在のありようを考える上で興味深い事実である。

(12) M・ハイデガー『ハイデッガー　カッセル講演』八七ページ。訳文を一部変更した。

(13) das Man という中性の名詞はハイデガーの造語である。『存在と時間』の邦訳では「世人」「世間」「ひと」などの語が当てられている。本書では〈みんな〉と訳した。

(14) 実存には広い意味と狭い意味の二重の用法がある。現存在の存在全体をあらわす実存は広義であり、投企としての実存は狭義である。実存論的分析論という言い方の場合は前者である。後者がとりわけて実存と呼ばれるのは、存在可能性であるがゆえに、広義の実存の三つの契機のうち最も重要な契機だからである。

(15) 現存在の根源的解釈は、このように基礎的分析とは区別されるが、それ自身基礎的存在論の一部をなす。したがって「基礎的」という語には二つの用法がある。

(16) キルケゴールの主著の一冊のドイツ語訳『死にいたる病（Krankheit zum Tod）』の本歌取りでもあるこの表現には、ほかに「死に臨む存在」「死への存在」等の訳語がある。

(17) アリストテレス『ニコマコス倫理学上』高田三郎訳、岩波書店（岩波文庫）、一九七一年、二二〇ページ。

(18) M・ハイデガー、前掲書、九四ページ。訳文を一部変更した。

(19) J・P・サルトル『存在と無Ⅲ』松浪信三郎訳、人文書院、一九七二年、一三八ページ。訳文を一部変更した。

(20) 将来という漢語には、漢和辞典や国語辞典によれば、①やがて来ようとする時、未来、前途、②もちきたす、もたらす、という二義がある。本書では、第二の語義を尊重し、また通俗的時間である第一の語義も意識して将来という訳語を選んだ（邦訳にはほかに到来、向来などの訳語がある）。根源的な意味での Zukunft は、（自分を）自分へともたらし向かわせること、将来させる、自分（の死）に先立つことという意味での将来である。派生的な意味での Zukunft は、いまだ来たらぬ時、今後来る今、未来という意味での将来である。

（21）アリストテレス『自然学』第四巻第一一章二一九b一―二（ハイデガーの翻訳による SZ, 421）。

（22）細かくいうと、脱自的時間性から①配慮的に気遣われる時間が、配慮的に気遣われる時間から②通俗的時間が生じる。①配慮的に気遣われる時間とは、〈みんな〉という自己が現在の仕事や勉強、娯楽などに自己の存在を忘れて、「時間（暇）がある」「時間（暇）がない」「時間（暇）をつぶす」などというときの時間、「〜するだろうそのとき」「〜したあのとき」「〜する今」という時を付ける可能性や公共性などを特徴とする時間である。これに対して、②通俗的な時間概念によれば、現存在やその他の存在者は無限に流れる今の連続という時間のなかに存在し、その時間は何年何月何日というように日時が打たれ、その経過は何時間何分というように数で計測できる。

（23）時間化すると訳した sich zeitigen という再帰動詞はきわめてまれにしか使われない。zeitigen は名詞 Zeit（時間）に由来する他動詞で、（成果・効果を）もたらす、（果実などを）熟させるという意味である。『存在と時間』や二八年夏学期講義では、時間性ないし時間性の地平が、ときには現存在が主語となってこの再帰動詞が用いられ、邦訳では「時熟する」という日本語が当てられることが多い。存在理解を可能にする事象である時間性は存在するとは言えないので、存在する、あるを意味する sein（英語の be）という動詞を使うことができなかった。そのため、それが動態化する事態を言い表す語としてこの再帰動詞を引っ張り出したと考えられる。

（24）キルケゴールの『反復』によれば、ギリシャ人の想起はかつてあったものを後方つまり過去にむかって繰り返す（過ぎ去ったものをそのまま再現する）という意味で反復することだが、本来の反復は過去の事象を前方つまり将来にむかって想起する（可能性を掘り出す）ことである。ハイデガーの反復概念はキルケゴールを継承している。機械的にまったく同じことを繰り返す――そんなことはできるわざではないが――のではなく、あらためて見直して可能性を汲み出すことである。「取り戻し」「取り返し」等と訳されることがある。否定的な印象を与える「解体」と実はきわめて近い。

（25）自分の誕生と死のあいだを存在するという歴史的生起を非本来的にも本来的にも出来させることのできない例を挙げる。ある統合失調症患者は次のように訴えた。「自分がいなくなって、自分が何者か分からない。…自分自身をつなぎ止めるものが短いようで……時間ですね。……ポツポツとちぎれてる。……固めるもの、時間がないから」（渡辺哲夫『二〇世紀精神病理学史』筑摩書房（ちくま学芸文庫）、二〇〇五年、五九―六〇ページ）。ハイデガーにそくして解説すれば、彼が苦しんでいるのは、今の連続としての時間がないからではなく、「伸び広げられるという仕方で自分を伸び広げる特別な運動」を行えないからである。

（26）Martin Heidegger / Elisabeth Blochmann, *Briefwechsel 1918-1969*, Deutsche Schillergesellchaft, 2., durchges. Aufl. 1990, S. 32.

（27）Rudolf Bultmann / Martin Heidegger, *Briefwechsel 1925-1975*, Vittorio Klostermann, 2009, S. 172.

（28）Martin Heidegger / Elisabeth Blochmann, *Briefwechsel 1918-1969*, S. 54.

（29）K・レーヴィト『ナチズムと私の生活』秋間実訳、法政大学出版局、一九九〇年、六六ページ。

（30）前掲書、九四ページ。

（31）K・レーヴィト『ある反時代的考察』中村啓、永沼更始郎訳、法政大学出版局、一九九二年、一〇五ページ。

（32）H. W. Petzet, *Auf einen Stern zugehen: Begegnungen und Gespräche mit Martin Heidegger 1929-1976*, Societäts Verlag, 1983, S. 43. これは学長辞任直後の告白だという。

（33）本書は『存在と時間』を概説するものだから、あえて存在の真理（ないし存在すること）と記したが、三六年以降の思考の中核を占める言葉はエアアイグニス（性起）である。ここではエアアイグニスについて詮索することは控え、存在することの真理ないし存在すること（『存在と時間』では存在することの意味）の新たな表現だということにとどめたい。ハイデガー自身、エアアイグニスという語を公表することについては慎重であった。一九四七年に出版した「ヒューマニズムについての／をこえる手紙」のなかでも、前面に出したのは「エアアイグニス」ではなく「存在すること」という言葉であり、自家用本にはこの言葉にひそかに「エアアイグニスとしての存在すること」（GA9, 315）と注記していた。

参考文献

『存在と時間』の主な邦訳書

『存在と時間　上・下』細谷貞雄訳、筑摩書房（ちくま学芸文庫）、一九九四年。

『存在と時間　Ⅰ・Ⅱ・Ⅲ』原佑・渡辺二郎訳、中央公論新社（中公クラシックス）、二〇〇三年。

『ハイデッガー全集　第二巻　有と時』辻村公一、ハルトムート・ブッフナー訳、創文社、一九九七年。

『存在と時間　全四巻』熊野純彦訳、岩波書店（岩波文庫）、二〇一三年。

『存在と時間』高田珠樹訳、作品社、二〇一三年。

『存在と時間』を理解する上で重要なハイデガーの著作の邦訳書

『ハイデッガー全集　第二〇巻　時間概念の歴史への序説』常俊宗三郎、レオ・デュムペルマン、嶺秀樹訳、一九八八年。

『ハイデッガー　カッセル講演』後藤嘉也訳、平凡社（平凡社ライブラリー）、二〇〇六年。

『現象学の根本問題』木田元・平田裕之・迫田健一訳、作品社、二〇一〇年。

ハイデガーの著作以外の書籍

谷川俊太郎『空に小鳥がいなくなった日』サンリオ、一九九〇年。

サルトル『嘔吐』鈴木道彦訳、人文書院、二〇一〇年。

ドストエフスキー『悪霊 上・下』江川卓訳、新潮社（新潮文庫）、二〇〇四年。

堀口大學『月下の一群』講談社（講談社文芸文庫）、一九九六年。

プラトン『ソピステス』（『プラトン全集3』所収）、藤沢令夫訳、岩波書店、二〇〇五年。

キルケゴール『反復』桝田啓三郎訳、岩波書店（岩波文庫）、一九八三年。

『吉野弘詩集』思潮社（現代詩文庫）、一九六八年。

ヘロドトス『歴史 上』松平千秋訳、岩波書店（岩波文庫）、一九七一年。

カフカ『変身』池内紀訳、白水社（白水ｕブックス）、二〇〇六年。

サルトル『壁』（『水いらず』所収）、伊吹武彦訳、新潮社（新潮文庫）、一九七一年。

ボードレール『巴里の憂鬱』三好達治訳、新潮社（新潮文庫）、一九五一年。

木田　元・池田善昭・三島憲一　編集委員

《哲学書概説シリーズ》全12巻　概要

Ⅰ　デカルト『方法序説』……………………　山田弘明

Ⅱ　スピノザ『エチカ』………………………　河井徳治

Ⅲ　ライプニッツ『モナドロジー』…………　池田善昭

Ⅳ　カント『純粋理性批判』…………………　有福孝岳

Ⅴ　ヘーゲル『大論理学』……………………　海老澤善一

Ⅵ　キェルケゴール『死に至る病』…………　山下秀智

Ⅶ　ニーチェ『ツァラツストラかく語りき』…　三島憲一

Ⅷ　フッサール『ヨーロッパ諸学の危機』‥　榊原哲也

Ⅸ　ホワイトヘッド『過程と実在』…………　山本誠作

Ⅹ　西田幾多郎『善の研究』…………………　氣多雅子

Ⅺ　ハイデガー『存在と時間』………………　後藤嘉也

Ⅻ　メルロ=ポンティ『知覚の現象学』……　加國尚志

人 名 索 引

〈マ　行〉

〈ヤ　行〉

〈ラ・ワ行〉

事項索引

〈タ　行〉

〈ナ　行〉

〈ハ　行〉

〈マ・ヤ　行〉

〈ラ　行〉

《著者紹介》

後 藤 嘉 也（ごとう　よしや）

1953年　山形県天童市生まれ
1981年　東北大学大学院文学研究科博士課程後期3年の課程単位取得退学
2005年　博士（文学）（東北大学）
現　在　北海道教育大学名誉教授

主要業績

『ハイデガーにおける循環と転回——他なるものの声』（東北大学出版会，2008年）
『哲学の歴史 第10巻』（共著，中央公論新社，2008年）
『ハイデガーとともに、ハイデガーに抗して——無意味な世界における意味の誕生』（晃洋書房，2017年）
『世界を気遣うハイデガー——名のない神にこだまを返す』（晃洋書房，2023年）
『フィヒテ - シェリング往復書簡』（共訳，法政大学出版局，1990年）
『ハイデッガー　カッセル講演』（翻訳，平凡社，2006年）
ブルーメンベルク『コペルニクス的宇宙の生成Ⅰ，Ⅱ，Ⅲ』（共訳，法政大学出版局，2002-2011年）
『ハイデガー＝レーヴィット往復書簡　1919-1973』（共訳，法政大学出版局，2019年）

哲学書概説シリーズ Ⅺ

ハイデガー『存在と時間』

2011年11月30日　初版第1刷発行
2025年10月15日　初版第4刷発行

＊定価はカバーに表示してあります

著　者　後 藤 嘉 也©
発行者　萩 原 淳 平
印刷者　藤 森 英 夫

発行所　株式会社　晃 洋 書 房

〒615-0026　京都市右京区西院北矢掛町7番地
電　話　075(312)0788番(代)
振替口座　01040-6-32280

ISBN978-4-7710-2296-6　印刷・製本　亜細亜印刷（株）